Für Lucas L.,
den nächsten Messi

Hans-Peter Hohmann

Messi und ich

Ein Fußballroman

©2023 Hans-Peter Hohmann

Covergestaltung von Prof. Sigi Bucher

ISBN Softcover: 978-3-384-00194-8
ISBN E-Book: 978-3-384-00195-5

Druck und Distribution im Auftrag des Autors:
tredition GmbH, Heinz-Beusen-Stieg 5, 22926 Ahrensburg, Germany

Eins

Wie alles begann

Ich heiße Benjamin. Meine Freunde rufen mich Benni, manche sagen auch Benschi. Ich bin zwölf Jahre alt und wohne in Unterhaching. Das liegt bei München. Ich habe einen Bruder, der ist aber erst neun und viel kleiner als ich. Er heißt Ludwig. Das ist ein blöder Name, meint er. Deswegen will er, dass man ihn Wicki nennt. Wie *Wicki*, der kleine Wikinger.

Wir wohnen mit unserer Mama zusammen, der Papa ist irgendwann ausgezogen, da war ich aber noch klein und der Wicki nicht mal auf der Welt.

Die Mama heißt Nicki, und sie ist schon ziemlich alt. 33, um genau zu sein, ich hab's auf ihrem Perso gesehen. Aber sie ist die schönste Mama der Welt. Die Mamas von meinen Freunden sind alle nicht so schön. Und sogar noch älter.

Wir wohnen in einer kleinen Wohnung im vierten Stock. Es gibt nur zwei Zimmer – ein Wohnzimmer, in dem die Mama auch schläft und arbeitet, und ein Kinderzimmer, das wir, der Wicki und ich, uns teilen. Es ist zum Glück das größere Zimmer, so dass wir dort immer Fußball spielen können, wenn wir keine Lust haben, nach draußen zu gehen.

6

Ich liebe Fußball und würde gern in einem richtigen Verein spielen, am liebsten, wie mein Freund Lucas, bei der Spielvereinigung Unterhaching. „Das können wir uns leider nicht leisten", sagt die Mama immer, wenn ich sie damit nerve. Sie ist Malerin, also Bilder und so, verdient damit aber kein Geld. Deshalb arbeitet sie ein paar Stunden am Tag im Supermarkt, an der Kasse. Da wird man aber auch nicht reich. Ab und zu geht sie noch putzen, wenn sie uns was Besonderes kaufen will. Wie letztes Jahr an Weihnachten. Da habe ich einen Fußballschuh geschenkt bekommen. *Einen.* Den *zweiten* habe ich zu meinem zwölften Geburtstag bekommen. Das war zwei Tage später, also am 26. Dezember. Eigentlich ist das total ungerecht, dass Weihnachten und mein Geburtstag so nah beieinander liegen, aber dagegen kann man nichts machen. Früher, als ich klein war, habe ich einmal zu meiner Mama gesagt, dass sie das ändern soll. Sie hat nur geseufzt und mich gedrückt. Dann hat sie gesagt: „Du bist mein süßes Christkind." Ein Christkind zu sein, das hat mir damals ganz gut gefallen, und deshalb ist das jetzt schon okay so, mit dem Geburtstag und Weihnachten.

Ich würde am liebsten den ganzen Tag Fußball spielen. Aber meine Mama hat gesagt, dass ich aufs Gymnasium gehen muss, damit ich einen „gescheiten Beruf ergreifen" kann. Ich finde, Fußballprofi ist ein gescheiter Beruf. Und um Fußballprofi zu werden, habe ich ihr geantwortet, braucht man kein Abitur. Das fand sie leider nicht sehr lustig, und deswegen hänge ich jetzt den halben Tag im Gymi rum und langweile mich. Sehr oft jedenfalls. Und weil ich meistens vor mich hin träume, bin ich auch nicht besonders gut in der Schule. Nur in Geo habe ich eine Eins, da haben aber alle eine Eins, weil die Frau Klein so ein gutes Herz hat. Das behauptet sie jedenfalls immer. Ich glaube aber, dass sie Angst vor uns hat, also vor den Schülern ganz allgemein.

In Deutsch stehe ich auf Zwei, was kaum einer in meiner Klasse geschafft hat. Unsere Lehrerin, die Frau Weingartner, ist nämlich ziemlich streng, und da hagelt es oft Fünfen und Sechsen, so schnell kannst du gar nicht schauen. Zu mir aber sagt sie immer „Mein kleines Genie", keine Ahnung, warum. Dann streichelt sie mir über den Kopf oder zieht an meinen Haaren, und erst wenn die halbe Klasse kichert und blöde Bemerkungen macht, hört sie damit auf.

Mit blöden Bemerkungen kenne ich mich aus. Neulich erst, in meiner Klasse, da hab ich ziemlich viele davon abgekriegt. Dabei habe ich gar nichts Besonderes gesagt oder gemacht.

8

Naja, vielleicht war es schon ein *bisschen* besonders. Es hat mir dann auch leidgetan. Ein *bisschen* wenigstens.

Das war nämlich so: Wir haben im Ethik-Unterricht über Idole gesprochen. Was ein Idol ist, und wer eines sein kann. Und welche Eigenschaften ein Idol haben muss. Conrad, der alte Schleimer, hat sich als Erster gemeldet. Er meldet sich immer als Erster, bis dahin war also alles ganz normal. Aber dann hat er gesagt, dass Lise Meitner sein Idol ist. *Lise Meitner!* Okay, nach dieser Lise Meitner ist unsere Schule benannt. Aber sie ist eine *Frau!!* Conrads Idol ist eine *Frau*, die gut ist in Mathe und die raucht. Also, sie *hat* geraucht, denn jetzt ist sie ja tot.

Lise Meitner also, und Conrad von Wagenseil. Da haben erst einmal alle gelacht, und deswegen war die Frau Berthold-Mieselmann, unsere Lehrerin, tierisch sauer. Weil ihr Idol auch die Lise Meitner ist, hat sie uns dann erklärt, und dass sie ebenfalls Lise heißt, Lise-Lotte Berthold-Mieselmann. Und natürlich wussten wir dann auch, warum Conrad sich ausgerechnet die Lise ausgesucht hat als Idol. Weil er nämlich in Frau Berthold-Mieselmann verliebt ist. Da haben wir noch mehr gelacht, und ich am allerlautesten.

Bis dahin war es eine superlustige Stunde, aber das sollte sich rasch ändern. „Was lachst du denn so blöd,

9

du Spast", hat mich der Conrad angebrüllt und sich die Maske vom Gesicht gerissen. „Du hast doch keine Ahnung, was ein Idol ist", hat er geschrien, und die Spucke ist ihm nur so aus dem Mund rausgeschossen. Zum Glück hatte ich meine Maske auf, sonst hätte ich jetzt vielleicht Corona. Und auch noch von Conrad, also das braucht's echt nicht. Ich habe dann megacool geantwortet: „Mein Idol ist Lionel Messi. Und ein Idol ist jemand, dem man nacheifert. Man versucht, so gut zu werden wie das Idol. Und das will ich auch, so gut wie Messi"! (Oder vielleicht noch besser, was ich natürlich nicht gesagt habe.)

Jedenfalls habe ich das ganz locker rausgehauen, und ich war ziemlich stolz auf mich.

Conrad hat dann angefangen, wie ein Irrer zu lachen. „Er, das Opfer, wie Messi", hat er gekeucht und sich beinahe verschluckt, „wie dieser alte Sack, hahaha, ich lach mich tot!" Und dann haben auch ein paar andere schlecht über Messi geredet und sich über mich lustig gemacht. „Der Zwerg!", hat die doofe Johanna gesagt. Sie hat Messi gemeint, nicht mich. Denn sie ist schon ein Meter siebzig groß, die Johanna, also zwei Zentimeter größer als Messi. Aber sie ärgert sich oft, dass sie so groß ist, weil sie nämlich den Moritz fast um zwei Köpfe überragt. Dazu muss man wissen, dass die Johanna in Moritz verliebt ist, und weil das so ist, musste der Moritz dann unbedingt auch noch seinen Senf dazugeben. „Messi bedeutet Floh", hat er gesagt, der Schwachkopf, „und Flöhe sind Ungeziefer, die muss man ausrotten, das sagt mein Papa immer." Danach ist er rot angelaufen, weil die Johanna ihm einen Luftkuss gegeben hat. So hat es jedenfalls ausgesehen, unter ihrer Maske. Da habe ich Johanna eine reingehauen. Also nur leicht, eher wie ein Schubser war das. Aber sie ist auf den Boden gekracht, als wäre sie von einer Elefantenherde niedergetrampelt worden. Die Frau Berthold-Mieselmann hat mich dann vor die Tür geschickt und mir hinterhergerufen: „Wir sprechen uns noch, Freundchen!"

Am Ende der Stunde haben wir uns dann gesprochen, also *sie* hat gesprochen und *ich* habe ihr zugehört. Nach zehn Minuten Sprechen hat sie mir einen Verweis gegeben. Ich fand das ungerecht und habe dagegen protestiert. Zur Strafe hat sie mir noch einen Aufsatz aufgegeben und gemeint, ich sei „ein Revoluzzer" (musste ich nachschauen) und dass sie mir „diese Flausen austreiben" würde.

Ich wusste zwar nicht, was ein *Revoluzzer* ist, aber wenn sich Frau Berthold-Mieselmann über solche Leute ärgert, dann bin ich gern einer. Und meine Flausen oder wie das heißt will ich auch gern behalten. Man weiß ja nie, wozu so was gut ist.

Meine Mama hat mich am Abend geschimpft, weil ich angeblich so grob zur Johanna gewesen bin. Johannas Mutter hat sich bei ihr über mich beschwert. An der Kasse, im Supermarkt. Vor allen Leuten. Und dass wir die Kosten für den Arzt bezahlen müssen. Dabei hat der Johanna nichts gefehlt. Höchstens im Kopf, aber das war schon vorher so.

Am nächsten Morgen musste ich ins Direktorat. Wir hatten gerade Latein, Wörterabfrage, und Siegmund Murthaler, unser Lehrer, war „gaaanz zufällig" bei dem Buchstaben P angekommen. „Peee", hat er gesagt, mit ganz langem E, „Peee wie..., wie..."
Die lange Pause hätte er sich schenken können. Denn es gibt nur einen Namen mit *Pee* in unserer Klasse. Es gibt nur *Petersen*. Und Petersen, das bin ich. Benjamin Petersen. Und „Peee wie Petersen" hatte die fünfzig neuen Wörter nicht gelernt.

Da klopfte es. Herr Murthaler sonderte seinen üblichen Sparwitz ab: „Herein, wenn's kein Schneider ist!", dann ging die Tür auf, ein Mädchen aus der Fünften kam rein, öffnete den Mund, zeigte eine riesige Zahnlücke, dort, wo normalerweise die Schneidezähne sind, und dann lispelte das Mädchen: „De.., der Benni ssoll zur Frau Di.., Diri..., äh, Direktor kommen. Jetssst gleich."

Ich wäre dem kleinen Mädchen mit der Zahnlücke am liebsten um den Hals gefallen. Und ich wäre mit ihr überall hingegangen. Das heißt, natürlich nicht *überall* hin, aber man sagt das halt so.

M, das ist der Spitzname vom Herrn Murthaler, den er sich aber selbst ausgedacht hat, weil er ein Fan von James-Bond-Filmen ist, **M** hat mich angeschaut, als würde er mich am liebsten auf der Stelle in Ketten legen. Dann hat er geseufzt: „Tja, da kann man nichts machen, Lolita", und darauf ist Conrad aufgesprungen und hat geschrien: „Die Michelsen wird dich hoffentlich so richtig fertigmachen!", und seine Maske kriegte eine riesige Beule, vom Reinschreien und von Conrads Spucke, und dann hat **M** gemeint: „Frau *Doktor* Michelsen, so viel Zeit muss sein, Conrad", und als ich mit Lolita rausgegangen bin, habe ich gehört, wie **M** gesagt hat: „Ach, Conradius, bleib doch gleich heraußen, konjugiere mal schnell *deficere*", und dann fiel die Tür ins Schloss.

Frau Michelsen, die Direktorin, hat schon auf mich gewartet. Sie saß an ihrem Schreibtisch. Der war fast ganz leer, nicht so vollgestellt wie unserer zu Hause. Die Frau Michelsen ist aufgestanden, wir haben uns die Faust gegeben und ich durfte mich in einen weichen Sessel setzen.

Ob ich was trinken will, hat die Frau Direktorin mich gefragt. Klar wollte ich, denn wenn man was zu trinken hat, kann man sich Zeit lassen. Man kann das

Glas in kleinen Schlucken leeren, und wenn man gefragt wird, ob man noch was nachhaben will, kann man höflich antworten: „Ja, gerne, wenn es keine Mühe macht." So vergeht die Zeit, und die Lateinstunde vergeht ebenfalls. Zur Not kann man anschließend noch aufs Klo gehen, weil die ganze Flüssigkeit ja irgendwie wieder aus einem raus muss.

Und auch beim Treppensteigen, hoch in den zweiten Stock, muss man sich nicht mehr als nötig beeilen, denn man will ja nicht verschwitzt im Klassenzimmer ankommen. Und mit der Maske im Gesicht kommt man eh leicht außer Atem und muss vielleicht husten. Und ein hustendes Kind im Schulgebäude, das will ja echt niemand haben. Da wird man gleich wieder ins Sani-Zimmer geschleift und muss sich ein Wattestäbchen in die Nase rammen lassen, von dieser *sadistischen* Frau Rettenbacher mit ihren roten Fingern, die sogar durch die Handschuhe immer nach Zigarettenrauch stinken.

Das Wort *sadistisch* habe ich mir gemerkt, weil die Mama einmal zu mir gesagt hat, ich soll zum Wicki nicht so sein. Ist wohl was Ähnliches wie „nicht nett". So in Gedanken versunken hatte ich gar nicht mitgekriegt, dass die Frau Direktorin eine Frage gestellt hatte. Oder vielleicht war es auch keine Frage, auf jeden Fall hatte sie etwas zu mir gesagt. „Wie bitte?", habe ich gefragt, und „Ich habe nicht alles verstanden, tut mir leid", das habe ich noch drangehängt, weil ich dachte, das sei eine gute Ausrede.

„Jaja, die blöden Masken, ich weiß", hat die Frau Michelsen gesagt und geseufzt und hat ihre Frage noch einmal wiederholt: „Du bist also ein Fan von Lionel Messi?"

Komisch, dass ich diese Frage nicht verstanden hatte. Die war ja echt nicht allzu schwer zu verstehen, und wenn irgendwer „Messi" sagt oder auch nur ein Wort, das so ähnlich klingt, dann höre ich normalerweise ganz genau hin.

„Jaaa, bin ich!", habe ich gerufen und bin aufgesprungen. Dabei bin ich an den Tisch angestoßen, das Glas ist umgefallen, der Saft ist ausgelaufen und hat auf dem Schreibtisch eine hässliche Pfütze gebildet.

„Tut mir leid", habe ich gestottert und wollte mit einem *Tempo*-Taschentuch, nur zweimal gebraucht, die Flüssigkeit aufwischen. „Lass nur", hat die Frau Direktorin dann gesagt, „das mache ich schon. Aber erst später. Ich möchte dir nämlich etwas zeigen."

Sie hat einen silbernen Bilderrahmen vom Schreibtisch genommen, vier oder fünf Personen standen auf dem Foto im Halbkreis aufgereiht herum, hat ihn mir hingehalten und hat gesagt: „Auch ich bin ein Riesenfan von Lionel Messi!"

Da war ich erst mal sprachlos, wie man sich denken kann. Auf dem Foto in dem Bilderrahmen war tatsächlich Messi zu sehen. Er grinste, wie er immer noch grinst. Und neben ihm auf dem Foto, da stand die Frau Direktor, aber in jung. Sie war drei Köpfe größer als Messi und hatte einen Arm um ihn gelegt. Messi sah auch total jung aus, ungefähr so alt wie mein Bruder Wicki. Er strahlte die junge Frau Michelsen an. Und sie lachte, dass man alle Zähne sehen konnte, sogar ein Goldzahn war darunter, oben rechts.

Ich wusste nicht mehr, was ich denken sollte, echt. Wie um alles in der Welt hatte die Direktorin Lionel Messi kennen gelernt? „Sachen gibt's, die gibt's gar nicht", das sagt meine Mama öfter, wenn ich zu spät nach Hause komme und sie mir meine Ausrede nicht glaubt. Aber das konnte ich natürlich nicht zu der Frau Direktor sagen. Deshalb stammelte ich nur: „De..., der Hammer! A...aber wie haben Sie...?" Da hat sie gegrinst und irgendwas von „Oper" gesagt und dass diese Oper ein Jahr gedauert hat, oder so ähnlich. Jedenfalls verstand ich nur Bahnhof und muss wohl ziemlich dämlich dreingeschaut haben.

Sie hat es gleich gemerkt und mir dann erklärt, dass „Opeer" ein Jahr im Ausland bei einer fremden Familie leben und auf die Kinder aufpassen bedeutet. Und dass Leo ihr Lieblingskind gewesen ist und er fast immer gestottert hat und nur, wenn sie mit ihm zusammen war, nicht.

„Das hättest du nicht gedacht, dass ich Messifan bin, oder?", meinte sie dann, während ich die ganzen Neuigkeiten noch in meinem überforderten Gehirn sortierte. „Nie im Leben!", ist es aus mir herausgeplatzt, ich habe mich gleich entschuldigt, weil ich ja nicht unhöflich sein wollte, aber sie hat nur geantwortet: „Ist schon okay, Benni", und dann hat sie noch gesagt, dass der Verweis natürlich zurückgenommen wird, weil, und ich schwöre, genau so hat sie es gesagt: „Wir Messifans, wir müssen doch zusammenhalten, nicht wahr?"

Und in diesem Augenblick hat es gegongt, laut und deutlich. *Wie ein Zeichen*, habe ich gedacht, gesagt habe ich dann aber etwas ganz anderes, und zwar: „Wie die Zeit vergeht!" Das ist mir so rausgerutscht, aber die Frau Michelsen hat nur gelacht und gefragt, wen wir in der nächsten Stunde haben, und ich habe geantwortet, die Frau Nkunku-Weber in Geschichte, „und wir schreiben wahrscheinlich 'ne Ex."

„Na, da will ich dich natürlich nicht aufhalten", meinte sie, und dass ich in der Pause noch einmal kurz zu ihr kommen soll, sie hätte da eine Idee, über die wir unbedingt sprechen müssten.

17

Zwei

Die Idee

Die Idee hörte sich ganz einfach an: „Wir gründen ein Fußballteam." Mit diesen Worten empfing mich Frau Michelsen in der Pause. Ich dachte, weil mir nichts anderes einfiel: Der Hammer!

„Und wir nennen das Team so, wie unsere Schule heißt: LMGU." Da dachte ich: Wie langweilig, sagte es aber vorsichtshalber nicht. Zum Glück, denn was die Frau Direktorin dann noch gesagt hat, das war echt spitze.

„LMGU", hat sie gesagt, „das bedeutet für all die Ahnungslosen dort draußen natürlich *Lise-Meitner-Gymnasium Unterhaching*. Aber du und ich, und *nur* wir beide, wissen, dass unser Team in Wirklichkeit „Lionel-Messi-Greatest of Universe" heißt. Ist das eine Idee, oder was?"

Frau Michelsen strahlte mich an. Ich fiel ihr um den Hals. Ganz spontan. Also, ich fiel meiner *Direktorin* um den Hals. Oberpeinlich, oder? „'Tschuldigung", stammelte ich, als ich wieder bei Sinnen war, „soll nicht wieder vorkommen, nie mehr, ich schwöre!" Ich war mir sicher, dass sie jetzt gleich sagen würde: „Direktoratsverweis!" Und natürlich würde ich rausgeschmissen – aus der Mannschaft, aus der Klasse, und aus der Schule. Denn eins war klar: Schlecht erzogene *Revoluzzer* wie mich kann man hier nicht brauchen!

Aber sie hat dann nur gesagt: „War mir ein Vergnügen! Wir sind doch jetzt in einem Team, oder?"

Wie ich den Rest des Schultags überstanden habe? Keine Ahnung. Ich wollte das mit der *Idee* am liebsten jedem weitererzählen, vor allem meinem besten Freund Lucas, aber ich musste der Frau Michelsen versprechen, dass ich nichts verraten würde, *noch* nicht. Daran habe ich mich gehalten, auch wenn ich mir so oft auf die Zunge beißen musste, dass sie am Abend nur noch ein blutiger, geschwollener Fleischklumpen war. (Naja, ich übertreibe, aber nicht sehr.)

Das alles ist an einem Dienstag passiert. Am 9. Februar 2021, falls es jemand interessiert. Dann passierte erst mal nichts. Dann gab es Zeugnisse und wir hatten eine Woche frei. Und ich vergaß die *Idee*. Das heißt, ich vergaß sie nicht, aber mir erschien sie wie ein Traum. Wie ein schöner Traum, der aber in der Wirklichkeit wie eine Seifenblase zerplatzt. Das ist mir mal in einem Aufsatz eingefallen, und die Frau Weingartner hat dazu an den Rand geschrieben: „Ich könnte dich küssen, Benni!" Das war mir peinlich, weil ich mich nur von der Mama küssen lasse, und auch nur manchmal.

19

Aber so war das mit der *Idee*, sie ist zerplatzt. Und ich bin der Frau Direktorin aus dem Weg gegangen, weil sie mir etwas versprochen hatte, was sie aber nicht einhalten würde. Davon war ich überzeugt. Bis ich einen Brief bekam. Der war an mich persönlich gerichtet. Mein erster Brief, mit Briefpapier und Umschlag und sogar mit einer Briefmarke.

An Herrn Benjamin Petersen stand da, echt, ungelogen! Ich, ein *Herr*! Und auf dem Blatt stand: Ich soll am Freitag in die Aula kommen. Also in Wirklichkeit stand da: *Herr Benjamin Petersen wird gebeten, am Freitag, dem 26. Februar 2021, um zehn Uhr in der Aula des Lise-Meitner-Gymnasiums Unterhaching zu erscheinen.* Ein Grund, warum ich „erscheinen" sollte, war nicht genannt. Mir schwirrte allerlei durch den Kopf – vielleicht wurde in der Aula ja eine neue Folge von „Verstehen Sie Spaß?" gedreht? Mit mir als Stargast? Haha, echt witzig! Oder ein Streich von Conrad, dem alten Scherzkeks? Das hätte zu ihm gepasst, weil er ja damals in der Abfrage bei Herrn Murthaler eine Sechs gekriegt hat, und ich sei schuld gewesen, hat er behauptet. Aber in Wirklichkeit ist er selbst schuld gewesen, weil *deficere*, das hätte sogar ich konjugieren können, und das will echt was heißen.

Egal, ich bin jedenfalls dorthin gegangen, zur Aula. „Ist schon gut, geh nur", hat die Frau Nkunku-Weber gesagt, als ich sie gefragt habe, ob ich ihren Unterricht etwas früher verlassen darf. Ich konnte es nicht glauben. „Ist schon gut", das hat sie tatsächlich gesagt. Normalerweise sagt sie, wenn man mal aufs Klo muss: „Du bleibst, bis es gongt." Oder: „Du kannst ja in den Papierkorb pinkeln, wenn es so dringend ist." Solche Sachen. Und jetzt sagt sie: „Geh nur", und mir wurde heiß und kalt. Aber dann habe ich gesehen, wie Conrad von Wagenseil die Tür zur Aula öffnet. Und nicht nur das. Er ist reingegangen in die Aula. Eine Falle, habe ich gedacht, und wollte auf dem Absatz wieder kehrtmachen. Da hat mich jemand festgehalten. Von hinten. Wie Schraubstöcke haben sich die Finger dieser Person in meine Oberarme gekrallt, und dann hat mir dieser geheimnisvolle Jemand ins Ohr geflüstert: „LMGU, es ist so weit!" Und ich habe gewusst, das kann nur eine Person sein, die Person, mit der ich ein Geheimnis habe. Frau *Doktor* Gisela Michelsen, unsere Direktorin.

Die Aula war leer. Also, fast leer. Ein Mann und eine Frau saßen in der ersten Reihe, der Mann mit Schreibblock, die Frau tippte auf einem Tablet herum. Und in der neunten Reihe war eine Kamera aufgebaut. Daneben stand eine zweite Frau. Die war jung und hatte rote Locken.

Auf der Bühne standen ziemlich viele Stühle nebeneinander. Und rechts am Rand war das Rednerpult. An der Rückwand flatterte eine Fahne. Also, nicht in echt, sondern vom Beamer projiziert. Auf der Fahne stand LMGU, und darunter zappelte eine Art Ei. Das sollte wohl ein Fußball sein.

Frau Michelsen schickte mich hinter die Bühne, in den Gang, wo es zur Umkleide für die Schauspieler geht.

Dort war die Hölle los. Gefühlt fünfzig Stimmen schrien durcheinander. Am lautesten schrie der Conrad, Conrad von Wagenseil. Und – ich bin fast zusammengebrochen und habe vor mich hin gemurmelt: „Nein, das glaube ich jetzt nicht, das glaube ich jetzt nicht." Aber es musste wahr sein, weil das Allerschlimmste meistens wahr ist. Denn noch lauter als Conrad schrie nur eine, nämlich Johanna Zacherl. Genau, *die* Johanna aus meiner Klasse. Und ausgerechnet die entdeckte mich als Erste.

Sie ist aufgestanden und rannte auf mich zu, mit vorgestrecktem Zeigefinger. Den hat sie mir in die Brust gebohrt, so fest, dass der Finger ganz weiß wurde. „Was willst'n du hier, du *Messi*", hat sie gebrüllt, und dann hat sie gelacht. Wie eine Verrückte hat sie gelacht. Und ich habe gedacht: Nichts wie weg, und bin hinten zur Umkleide wieder hinaus.

Plötzlich hat es angefangen zu wummern. Laute Musik war zu hören, irgendwas Feierliches. Und dann hat jemand gesprochen. Ich habe nichts verstanden, bin aber stehen geblieben. Warum? Halt so. Vielleicht hatte ich ein schlechtes Gewissen wegen der Frau Direktor. Und außerdem war ich ja eingeladen worden. *Herr Benjamin Petersen wird gebeten...*, so stand es in dem Brief. Ob Johanna und Conrad auch so einen Brief erhalten hatten, und vor allem was ich mit denen zu tun haben sollte, das alles war mir ein Rätsel.

Dann gab es wieder Musik. Es war die Hymne der Champions League, ganz eindeutig. Und dann wurden irgendwelche Namen aufgerufen, dazu gab es Beifall aus den Lautsprechern, und dann war es plötzlich still, und der letzte Name wurde noch einmal aufgerufen, kein Beifall, und dann noch ein drittes Mal der Name, den ich jetzt ganz deutlich hören konnte, weil es sehr still geworden war: „Benjamin Petersen". Und dann rief jemand: „Benni, komm endlich auf die Bühne!" Es war die Stimme von Frau Michelsen.

Da bin ich halt auf die Bühne gegangen, und die Frau Direktorin hat mich angeschaut, wie die Mama mich auch manchmal anschaut. Meistens sagt sie dann, also die Mama: „Ich weiß nicht, was ich mit dir machen soll." Dann weint sie ein bisschen und küsst mich, wenn sie fertig geweint hat. Aber das hat sich die

Frau Michelsen nicht getraut, das Küssen. Zum Glück. Und geweint hat sie auch nicht, aber beinahe.

Ich musste mich auf den letzten freien Stuhl setzen, ganz links außen. Dann gab es wieder eine Rede. Der Herr Eichler hat irgendwas gesprochen, also gebrüllt, weil er nur brüllen kann. Er ist nämlich unser Sportlehrer. Er hasst Fußball, und deswegen dürfen wir bei ihm immer nur Volleyball spielen. Und weil ich zu klein bin und nicht bis zum Netzrand hochkomme, werde ich immer in die schlechteste Mannschaft gewählt.

Und Geräteturnen, das hasse *ich*. Der Herr Eichler aber *liebt* Geräteturnen. In Sport habe ich deswegen nur eine Vier. Vier *minus*, die schlechteste Note.

Plötzlich klatschten alle, nur ich nicht, weil ich nicht mitgekriegt hatte, was der Herr Eichler gesagt hat. Aber es ging wohl um Fußball, weil zum Schluss irgendeiner ein Lied gesungen hat, in dem es an einer Stelle hieß: „Fußball ist unser Leben".

Ich habe gedacht, da hat er hundertpro recht, der Typ, aber was hat das mit diesen Gurken neben mir zu tun? Alle waren aus der Siebten. Zwei oder drei kannte ich vom Bolzen auf der Wiese hinter unserem Haus, die waren aber nichts Besonderes. Und dann waren auch vier Mädchen darunter, nicht nur die Johanna aus meiner Klasse, und da habe ich gedacht, äh, habe ich gedacht, also, nichts habe ich gedacht, mir wurde

24

bloß übel und ich musste mich übergeben. In die Blumenvase. Zum Glück hat keiner auf mich geachtet.

Zwei Minuten später, als sich mein Magen wieder beruhigt hatte, erfuhr ich die grausame Wahrheit. Wir, die sechzehn Gestalten auf der Bühne, sind nun das „Fußballteam *LMGU*". Die Mädchen sind wegen Lise Meitner dabei, weil Lise Meitner auch mal ein Mädchen gewesen ist, oder so ähnlich. Das habe ich nicht ganz verstanden, aber ich muss ja nicht alles verstehen. Der Herr Eichler sollte die Leute auswählen, und er hat nur solche genommen, die gut in Volleyball sind. Mich wollte er bestimmt nicht, aber die Frau Michelsen hat zu ihm gesagt, dass ich dabei sein *muss*. Da ist der Eichler stinksauer geworden und hat rumgebrüllt. Das hat mir die Frau Direktorin später erzählt. Dabei hat sie gelacht. Sehr gelacht.

Ein paar Tage später habe ich noch meinen besten Freund Lucas ins Team reingeholt. „Ohne Lucas", habe ich zum Herrn Eichler gesagt, „ohne Lucas muss ich leider auf die Ehre, dem „Team *LMGU*" anzugehören, verzichten." Den Satz hatte ich mir vorher aufgeschrieben, damit ich ihn fehlerfrei aufsagen kann, und es hat geklappt. Jetzt sind wir also siebzehn, und wie es aussieht, können nur zwei Fußball spielen: Lucas und ich.

Drei

Wir trainieren

Eines Tages hing ein Zettel an der Infowand in der Eingangshalle. Team *LMGU -Training* war die Überschrift.
Und „Treffpunkt Perlacher Forst" stand darunter, mit
Datum, also heute, und Uhrzeit. Da war mir klar, was
„Training" bedeuten würde, nämlich „Laufen". Durch
den Perlacher Forst laufen. Denn Laufen war das Einzige, was man ohne Maske tun durfte.

Lucas holte mich ab. Es schneite. Wir fuhren mit
den Rädern die Isartalstraße entlang bis zur Autobahn.
In der Unterführung hörten wir schon den Eichler
brüllen, also den *Herrn* Eichler brüllen, aus hundert
Metern Entfernung konnten wir ihn hören. Er brüllte
wegen mir und Lucas. Denn wir waren die Letzten,
und er war schon komplett zugeschneit. Wir schmissen unsere Räder auf einen Schneehaufen. Als Herr
Eichler wieder Luft kriegte, lief er sofort los. Conrad,
Lucas und ich rannten ihm hinterher, so gut wir konnten. Ab der dritten Abzweigung folgten wir nur noch
den Fußspuren vom Herrn Eichler, die irgendwann
unter dem frisch gefallenen Schnee verschwunden
waren.

26

Vor uns gab es also eine große Lücke. Aber hinter uns eine noch größere. Und irgendwann verschwanden unsere Spuren ebenfalls im dichten Schneetreiben. Und kein Mensch, nirgendwo.

Wir blieben stehen. „Herr Eichler!", rief Conrad, und seine Stimme zitterte, „wo sind Sie?" Keine Antwort. Nur Stille, Schneeflocken und sonst nichts. Conrad rief noch einmal, und ab dem dritten Mal schrie er nur noch und fing dann an zu flennen. „Ich will heim!", wimmerte er. Ich hätte ihn am liebsten ausgelacht und ihm gesagt, er soll sich nicht so anstellen, er ist doch schließlich kein Baby. Aber ich wusste, dass er in München wohnt, und deshalb kannte er sich im Perlacher Forst nicht aus. Er dachte wohl, er müsste jetzt erfrieren, weil wir nicht zurückfinden, oder weil niemand nach uns sucht. Ich dagegen kannte mich aus. Und nach zehn Minuten waren wir wieder am Parkplatz, bei unseren eingeschneiten Rädern. Conrad war stinksauer. Vermutlich, weil er so rumgeheult hatte. Und er regte sich auf, dass wir in so was „Vorsintflutlichem" wie einem Wald rumlaufen mussten. Eines muss man ihm lassen, dem Conrad, er kennt interessante Wörter.

Der Schnee blieb anschließend elf Tage liegen, und das war es dann auch mit unserem Lauftraining.

Weitere Wochen vergingen. An einem sonnigen Vormittag hing plötzlich wieder ein Zettel an der Infowand: Training auf dem Platz. Ohne Maske. Und ohne den Herrn Eichler. Der hatte sich im Wald eine Zerrung zugezogen. Angeblich.

Das Training leitete Karim Adamu, ein ziemlich schräger Typ aus der 10 c. Er ist schon achtzehn, aber er ist auch zweimal sitzengeblieben. Beide Male wegen *Sechs* in Mathe. Karim spielt bei den A-Junioren von Haching, also Unterhaching, in der Bundesliga.

Jeder kriegte einen Ball. „Macht mal irgendwas mit der Kugel“, sagte Karim. Also ein bisschen rumdribbeln, Ball hochhalten, linker Fuß, rechter Fuß, hoch zum Kopf und wieder runter – so was hatte er wohl gemeint. Er wolle sich das Ganze mal anschauen, hat er gesagt. Aber er schaute vor allem die Mädchen an. Die hatten sich gleich auf ihre Bälle draufgesetzt und machten mit den Smartphones Fotos von Karim. Und was hat *er* gemacht? Hat sich aufgeführt, als wäre er *Germany's next supermodel*.

Dass Lucas und ich versucht haben, den Ball mindestens hundert Mal hochzuhalten, hielt er offensichtlich für uninteressant. Ich schaffte übrigens 281, Lucas 166. Conrads „Rekord“ lag bei drei. „Idiotische Übung“, meckerte er und dass es beim Spiel auf ganz andere Dinge ankommt. „Welche?“, fragte ich. „Das werde ich gerade dir auf die Nase binden, du *Messi!*“,

28

brüllte er. Dabei machte er einen Schritt auf mich zu, stolperte aber über seinen Ball und flog hin. Die Mädchen machten auch davon Videos, und Conrad wurde noch wütender. Er schoss den Ball mit aller Kraft in Richtung der Mädchen. Normalerweise hätte er zehn Meter danebengeschossen. Aber dieses Mal nicht. Er traf ausgerechnet Caro, die Kleinste und Dünnste. Die knallte auf den Boden, das Smartphone flog ihr aus der Hand, direkt in eine Hecke am Spielfeldrand. Dann heulte sie los. Es hörte sich an wie eine Sirene, wenn es Feueralarm gibt. Die anderen Mädchen fauchten Conrad an, was er doch für ein Idiot sei, und drohten, dass sie alles auf *Instagram* posten würden. Conrad versuchte ihnen die Smartphones aus den Händen zu reißen, die Mädchen wehrten sich dagegen, Karim wollte dazwischengehen und kriegte die meisten Schläge ab, alle schrien durcheinander, und da, plötzlich, da tauchte, wie aus dem Nichts, die Frau Direktorin auf. Es wurde still. Ganz still. Das Einzige, was man hören konnte, war ein weggeworfenes Bonbonpapier. Es raschelte leise im Wind. Dann war wieder Stille.

„Was ist hier los?", fragte die Frau Michelsen und machte ein Gesicht, als hätte sie in zehn saure Zitronen gebissen. Unser so genannter *Trainer* blies in die Pfeife, dass seine Backen beinahe geplatzt wären. „Pause zu Ende!", schrie er, und seine Stimme überschlug sich wie bei einem Jungen in der Pubertät, „alle paarweise gegenüber aufstellen, nächste Übung!"

„Ist was mit dir, Karim? Du hörst dich ja schlimmer an als der Herr Eichler", meinte Frau Michelsen trocken. Heimlich hat sie gegrinst, das konnte man nicht sehen, aber ich *wusste* es.

Die angekündigte „nächste Übung" hieß: Passen. Also den Ball irgendwie hin und her schießen. Das hat aber nicht so geklappt, wie der Karim sich das vorgestellt hatte. Und dann wurde er sauer, weil er die Bälle, die in der Hecke oder im See landeten, auch noch holen musste. Deswegen hat er nach zehn Minuten wieder in die Pfeife geblasen und angekündigt: „Letzte Übung: Schießen!"

Wir sollten vom Elfmeterpunkt aufs Tor schießen. Im Tor stand erst mal keiner. Nur Lucas und ich haben *ins* leere Tor getroffen. Die anderen links daneben, rechts daneben, oder drüber, wie Conrad, zum Beispiel. Der ärgerte sich schon wieder und gab dem Ball die Schuld.

Caro war als Letzte dran. Der Ball kullerte in Richtung Tor, blieb dann aber zwei Meter vor der Linie liegen. Frau Michelsen verdrehte die Augen und seufzte.

Äh, fiel mir plötzlich auf, da standen doch nur *drei* Mädchen rum, oder? Ich blickte mich um. Wo war das *vierte* Mädchen? Wo war, ähm, *Johanna?*

30

Ich fing schon an, mich zu freuen, ein echtes Glücksgefühl breitete sich in meinem ganzen Körper aus. Aber es war zu früh. Eindeutig zu früh. Denn als ich gerade, als Krönung, ein strahlendes Lächeln aufsetzen wollte, kam Johanna aus der Umkleide. Sie hatte einen Schlabberpulli an. Der war pink. Die Handschuhe, mit denen sie uns zuwedelte, waren riesig, und sie leuchteten in giftigem Neongelb. Johanna grinste. Dann rief sie in die Runde, schaute dabei aber vor allem mich an: „Na los, ihr Spackos, zeigt mal, was ihr draufhabt!"

Als sich Johanna so vor uns aufbaute und ihre Arme, die aussahen wie die einer riesigen Krake, durch die Luft schleuderte, wurde mir ganz schwummrig. Also nicht wegen Johanna....äh, vielleicht aber doch? Denn wenn ich aufs Tor schießen wollte, musste ich Johanna anschauen. Und Johanna anschauen – das brachte ich echt nicht fertig. Zwei Bälle knallte ich übers Tor, mindestens drei Meter zu hoch. Johanna lachte, und ich schaute weg. Der dritte Schuss landete an der Querlatte. Sie lachte. Ich rastete fast aus vor Wut.

Und als ich vor dem nächsten Schuss direkt in ihr Gesicht starrte und genau auf sie drauf zielte und dann mit aller Kraft abzog, da hob sie nur ganz locker ihre Fäuste und boxte den Ball zurück ins Feld. Dort flog er fast bis zur Mittellinie. Natürlich lachte sie dabei, wie ..., na ihr wisst ja schon.

31

Die Gurkenbälle, die Conrad von Wagenseil produzierte, hat sie dann alle reingelassen. „Oh, unhaltbar, Conni", hat sie gesäuselt, obwohl sie mit Absicht immer ins falsche Eck gehüpft war.

Dass Johanna Torhüterin bei den Handballmädchen ist, hatte uns keiner gesagt. Das erfuhren wir erst nach dem Training. Ich jedenfalls wusste es nicht. Ich war sauer und wollte auf der Stelle alles hinschmeißen. „Team *LMGU* – nein danke!", habe ich geschrien. Lucas, mein treuer Freund, hat mir den Arm um die Schulter gelegt und gesagt: „Mach dich mal locker, Benni. Johanna ist im *Tor*, also *weit weg* vom Spielfeld. Außerdem, wenn sie im Spiel so gut hält wie gegen uns, dann ..., dann ..., äh."

„Was dann?", habe ich gefragt. Lucas hat auf den Boden geschaut und nichts mehr gesagt. Aber ich hab ja eh gewusst, was er sagen wollte: „Dann verlieren wir nicht so hoch", zum Beispiel, oder „Dann gewinnen die anderen wenigstens nicht zweistellig." Aber, um das ein für alle Mal zu klären: Ich verliere nicht gern. Wer tut das schon!? Ich allerdings *hasse* es geradezu, mich bei was auch immer lächerlich zu machen. Und genau das würde passieren. Das „Team *LMGU*", diese Gurkentruppe, würde sich total lächerlich machen.

Vier

Das erste Spiel

Nach dem Training mussten wir noch da bleiben. Wir sollten uns auf den Rasen setzen. Ich setzte mich ganz rechts an den Rand, neben die Weitsprunggrube, so weit weg wie möglich von Johanna. Die war super drauf und hat uns die ganze Zeit zugetextet, bis die Frau Direktorin gesagt hat: „Jetzt halt mal die Luft an, Johanna! Ich will auch mal was sagen." Und nach einer Pause: „Wenn du gestattest." Und dabei hat sie irgendwie süß-sauer gelächelt, als wäre sie sauer, was sie aber eigentlich nicht zeigen wollte.

Sie hat sich also vor uns hingestellt. Und ein anderer hat sich neben sie gestellt. Das war der schwer verletzte Herr Eichler. Er hat sich auf einer Krücke abgestützt, ist aber ansonsten ganz normal gegangen. Muss wohl eine innere Verletzung gewesen sein, hab ich mir gedacht, die ihn daran gehindert hat, das Training zu leiten. Ganz hinten stand Karim und hat Nägel gekaut. Wie ein dreijähriges Kind, das bei etwas Schlimmem erwischt worden ist. So stand er da, der Karim, unser *Supertrainer*.

Und dann hat die Frau Michelsen gesprochen. Sie hat den Herrn Eichler angelächelt und ihm für sein

„tolles Lauftraining" gedankt. (Er hat ganz rote Ohren gekriegt.) Und bei Karim hat sie sich für das „abwechslungsreiche Balltraining" bedankt. Und uns hat sie gelobt, weil wir so begeistert mitgemacht haben. Und dass sie eine Überraschung für uns hat. Eine Belohnung, um genau zu sein. „Ich habe…", und dann machte sie wieder eine Pause, um die Spannung zu erhöhen, „…ich habe für euch, also für unser Team, ein Spiel organisiert."

Keine Reaktion. Kein „Cool!" Kein „Super, Frau Direktor!" Noch nicht einmal ein „Danke, das wär' echt nicht nötig gewesen." Nur das Bonbonpapier raschelte leise, es war also noch immer da und nicht weggeweht worden.

Die Frau Michelsen runzelte die Stirn, schaute dann zu dem Herrn Eichler, der wie auf Befehl losbrüllte: „Am Sonntag um 11. Auf dem Platz bei der Hachinga-Halle. Gegen die U 13 aus Taufkirchen. Anwesenheit ist Pflicht!"

Und dann sind sie gegangen, die drei. Der Herr Eichler hat jetzt stark gehumpelt und die Frau Michelsen musste ihn stützen. Karim hat ihnen die Bälle hinterhergetragen.

Und wir, das „Team LMGU", wir haben uns angeglotzt. Keiner hat etwas gesagt. Noch nicht einmal Johanna, und das war echt wie…, wie ein Wunder war das.

Am Sonntag waren zehn da. Zehn von siebzehn, darunter zwei Mädchen, Caro und die unvermeidliche Johanna. Die Taufkirchner Jungs wärmten sich auf, wie man das halt so macht vor einem Spiel. Wir standen gelangweilt rum und warteten. Drei Minuten vor elf quietschten in der Grünauer Allee die Reifen eines Autos. Eine Tür wurde zugeschlagen, dann noch eine, und eine halbe Minute später die dritte. Als Erster betrat Karim das Stadion. Er trug das Netz mit den Bällen. Hinter ihm trippelte Frau Michelsen mit ihren höchsten Stöckelschuhen auf den Platz und knickte gleich mal um. Der Herr Eichler bildete den Schluss. Er ging heute mit zwei Krücken, hob aber immer das Bein an, das vor drei Tagen noch das gesunde war.

Die Uhr von der Korbinianskirche schlug elf Mal. Der Trainer der Taufkirchner schaute auf sein Smartphone. Dort war es wahrscheinlich auch elf. Eins nach elf inzwischen. Und wir standen rum wie bestellt und nicht abgeholt. Jeder hatte irgendein T-Shirt an, blau, gelb, rot, lange Ärmel, kurze Ärmel. Caro hatte über ihr T-Shirt einen Anorak drübergezogen, weil sie so fror. Nur Johanna trug dasselbe wie beim Training: Pink, neongelb, dazu schwarze Sneaker.

Der Herr Eichler zählte uns durch. Da er nicht glauben wollte, was er herausbrachte - *zehn* - zählte er noch einmal, und noch ein drittes Mal. Er musste voll geschockt sein, denn er vergaß zu brüllen. Er schüttelte nur den Kopf. „Geht's raus und spuit's", brummte er dann, drehte sich um und rannte aus dem Stadion hinaus, als würde eine Horde wilder Hunde hinter ihm her jagen. Die Krücken blieben einsam und verlassen auf der Laufbahn liegen.

Ein schriller Pfiff, das Spiel begann. Es sollte sechzig Minuten dauern. Nach dreißig Minuten wurden die Seiten gewechselt. Die Taufkirchner bekamen was zu trinken, wir bekamen nichts. Als es von der Kirche her zwölf schlug, pfiff die Schiedsrichterin ab. Sie schenkte uns die letzten drei Minuten. Vermutlich glaubte sie nicht mehr, dass wir den Rückstand in diesen drei Minuten noch aufholen könnten. Das Spiel endete deshalb vierzehn zu sechs für Taufkirchen. Ich hatte vier Tore geschossen, Lucas zwei, und Conrad von Wagenseil ebenfalls zwei. Seine zwei waren allerdings Eigentore. Am Anfang versuchte ich noch was zu retten: „Geh ran!", rief ich, oder „Besser decken!!" und „Spiel ab!!!" Nach zehn Minuten gab ich es auf, weil niemand auf mich hörte. Von da an spielten wir so vor uns hin. Ich konnte nichts mehr ändern. Die Zurufe, das Keuchen und die Jubelschreie der Taufkirchner, all das nervte mich total. Nach dem Abpfiff standen wir wieder rum. Keiner bedankte sich bei den Jungs aus Taufkirchen. Wofür auch. Conrad heulte wie ein Schlosshund und drohte, dass er nie wieder mit solchen Versagern wie uns spielen würde. Johanna fluchte ununterbrochen; sie war stinksauer und pfefferte ihre Handschuhe in den Abfalleimer. Caro schluchzte, weil ihr weißer Anorak bei einem Sturz schmutzig geworden war und ihre Mama sie bestimmt schimpfen würde. Lucas schwieg, aber sein Gesicht hatte eine ungesunde dunkelrote Färbung angenommen, was das sichere Zeichen war, dass er gleich jemanden erwürgen würde.

Und was sagte Frau Michelsen, unsere Direktorin, die uns das alles eingebrockt hatte? Die unterhielt sich ganz entspannt mit dem Trainer der Taufkirchner und meinte, bevor sie ging: „Na, das wird beim nächsten Mal bestimmt besser. Ich habe eben den Herrn Brunnwieser engagiert. Er wird ab jetzt euer Training leiten. Bis morgen, meine tapferen LMGU-ler. Und möge LM mit euch sein!"

„Ich scheiß' auf Lise Meitner", schrie Conrad ihr hinterher, vorsichtshalber aber erst, als sie ihn nicht mehr hören konnte. Die anderen konnten ebenfalls mit diesem rätselhaften LM-Wunsch nichts anfangen. Ich wusste als Einziger, an wen die Frau Michelsen da gedacht hatte. Natürlich nicht an Lise Meitner, sondern an Lionel Messi. Aber der hätte sich bestimmt zu Tode geschämt, wenn er erfahren hätte, wie wir uns heute bis auf die Knochen blamiert hatten. Und er hätte es sich drei Mal überlegt, ob er beim nächsten Spiel noch einmal „mit uns sein" würde.

Was wir uns am Montag anhören mussten, verschweige ich lieber. Ich hatte die meisten Tore von allen geschossen, das war das Einzige, was für mich zählte. Und in wenigen Tagen begannen die Osterferien. Danach war das Projekt „Team *LMGU*" gestorben, da war ich mir sicher, zu tausend Prozent.

Fünf

Elfmeterschießen

Zwei Wochen ohne Schule, das war okay. Zwei Wochen ohne Johanna, das war das Paradies. Ich würde ihr kein einziges Mal über den Weg laufen, weil wir nämlich weggefahren sind. Wir haben Tante Britta, Mamas große Schwester, besucht. Die hat in der Nähe von Würzburg einen Bauernhof, also sie zusammen mit ihrem Mann, dem Onkel Helmut. Mit ein paar Schweinen, ein paar Weinbergen, einem Pferd, zwei Hunden, die Dick und Doof heißen, und vier Katzen.

Und drei Kinder haben Tante Britta und Onkel Helmut auch noch. Die studieren aber und sind fast nie zu Hause. Nur am Ostersonntag waren sie kurz da, zum Essen und um ganz viel Zeug mitzunehmen. Für Wicki und mich haben sie sich nicht interessiert, denn für die sind wir ja nur „die Babys", also nichts, mit dem man sich groß abgeben müsste.

Die Ferien waren trotzdem supercool. Wir waren den ganzen Tag draußen und haben rumgetobt. Mit Onkel Helmut sind wir Traktor gefahren. Einmal durfte ich sogar das Lenkrad halten, aber nur kurz, doch das reichte, um den Traktor in den Straßengraben zu befördern. Onkel Helmut war überhaupt nicht böse, er hat nur gelacht und dann den Traktor locker aus dem Graben rausgefahren.

Mit den Schweinen haben wir Matschfußball gespielt. Das war echt endgeil. In der Scheune haben wir einen uralten Plastikball gefunden. *WM 1974* stand da drauf. Wicki wunderte sich, dass es damals schon eine Weltmeisterschaft gegeben hat. Naja, er ist auch überzeugt, dass es vor seiner Geburt kein Leben auf der Erde gegeben hat. Der Ball war noch ziemlich okay, und eine große Wiese gab es auch. Wicki und ich spielten eins gegen eins. Das dauerte aber nur eine halbe Minute. Dann kamen die Schweine angedüst und haben sich auf den Ball gestürzt. Wir haben den Ball dann immer weggeschossen und die Schweine sind hinterhergerannt. Ab und zu sind wir auch hingeflogen, und weil die Wiese inzwischen eine einzige Matschwüste geworden war, sahen wir bald genauso aus wie die Schweine.

Mama hat einen Schreikrampf gekriegt, aber Onkel Helmut hat bloß einen Schlauch geholt, ihn am Wasserhahn angeschlossen und „Wasser marsch!" gerufen. Nach zwei Minuten waren wir wieder sauber, dafür total durchgefroren, so dass wir gleich danach in die Badewanne gesteckt wurden. Eine riesige Wanne, in der man fast schwimmen konnte. Zu Hause haben wir nur eine winzige Dusche, in der man überall anstößt.

Wir blieben fast zwei Stunden in der Wanne, und danach stand das Wasser im Bad knöchelhoch. Da musste die Mama leider wieder schimpfen, aber zum Schluss hat sie auch gelacht und ist zu uns in die Wanne gesprungen. Nackt! Ich war geschockt, weil, eine nackte Frau, ächz, so was hatte ich noch nie gesehen, also in echt. Und da musste ich ein einziges Mal an Johanna denken, warum auch immer, und schon war mir der Tag verdorben. Zum Glück ging das gleich wieder vorbei, weil es Mittagessen gab und wir Klöße um die Wette gegessen haben. Ich habe natürlich gewonnen: sieben Stück.

Danach war mir ganz schön schlecht, aber das war es mir wert.

Das Beste hatten sich die Ferien jedoch für den letzten Tag aufgehoben. Tante Britta machte schon beim Frühstück so komische Andeutungen, dass wir gegen Mittag zu einem Ausflug aufbrechen würden und dass dort, wo der Ausflug zu Ende war, irgendwas Tolles auf uns warten würde. Auf Ausflüge hatte ich eigentlich absolut keine Lust, weil wir am Abend ja nach Hause fahren mussten und ich am nächsten Tag wieder in die...

Stopp! Daran wollte ich absolut nicht denken, und an meine Erzfeindin, die mit dem Namen, der nicht ausgesprochen werden darf, an die erst recht nicht!

Also Ausflug. Einen Ausflug machen, warum nicht? Das Wetter war scheußlich, da macht man doch gern mal einen Ausflug, vielleicht mit Rumlatschen im Wald und auf der Heide, juchhee!

Wir also rein in Onkel Helmuts fettes Mercedes-Cabrio. Er blieb übrigens zu Hause, und er sah nicht so aus, als wäre er darüber unglücklich. Tante Britta fuhr. Ich glaube, sie hielt das Gaspedal ständig bis zum Anschlag durchgedrückt. In den Kurven quietschten die Reifen, dass man sein eigenes Wort nicht mehr verstanden hätte, wenn man überhaupt etwas hätte sagen wollen. Allerdings haben Tante Britta und Mama trotz des Lärms über viele Dinge gesprochen und sich dabei gekringelt vor Lachen. Worüber sie gelacht haben und warum, das hab ich nicht mitgekriegt, weil ich die ganze Zeit irgendwas gesucht habe, wo ich mich festklammern konnte, um nicht aus dem Auto geschleudert zu werden.

Und nach gefühlt drei Stunden waren wir endlich da. Als ich auf die Uhr geschaut habe, waren allerdings erst zwölf Minuten vergangen, aber mir kamen diese zwölf Minuten vor wie drei Stunden. Drei Stunden Todesangst – solche Ausflüge liebt man!

Kurz vor dem Anhalten hätten wir fast noch einen Mann überfahren, der eine riesige Fahne trug, die der Wind gerade eben um seinen Kopf gewickelt hatte. Auf der Fahne stand „Der Glubb". Und um den Mann herum, dem Tante Britta ums Haar das Lebenslicht ausgeblasen hätte (*gut, Frau Weingartner, gell?*), waren noch sehr viele andere Männer, die ihre Fahnen aber ordentlich geschwenkt haben und deren Köpfe dabei nicht eingewickelt wurden.

Plötzlich hat der Wicki „Ein Fußballspiel!" geschrien. Ich dachte, dass er durch die Fahrerei jetzt den letzten Rest Verstand verloren hat, und fragte: „Wo?" Eine selten dämliche Frage, zugegeben, aber ich checkte einfach null. Bis Tante Britta, nachdem sie den Mercedes in eine winzige Parklücke gequetscht hatte, vier Tickets aus ihrem Rucksack zog und sagte: „Die Kickers gegen den *Glubb*! Das große fränkische Derby – und wir sind dabei!" Dann hat sie einen fünf Meter langen Schal aus dem Rucksack befreit, auf dem *„Würzburger Kickers – for ever number one"* stand, hat ihn sich viermal um den Hals gewickelt und ist losgestürmt ins Gedränge, wir kamen kaum hinterher, und dann hörte ich es endlich: die Gesänge der Fans, die Sprechchöre – und mir lief es eiskalt den Rücken runter. Vor Glück oder vor Aufregung, jedenfalls musste ich dann auch noch aufs Klo.

Vom Spiel habe ich in der ersten Halbzeit nicht allzu viel gesehen, weil ständig alle aufgesprungen sind und ihre Arme hochgerissen haben. Aber Tante Britta hat die ganze Zeit kommentiert, was drunten auf dem Rasen passierte. Dabei hat sie oft, ja eigentlich ununterbrochen schlimme Wörter verwendet, die die Mama uns immer verbietet. Die Mama hat solche Wörter auch gerufen, wenn das ganze Stadion sie gerufen hat, und sie hat überhaupt kein schlechtes Gewissen gehabt. Den Wicki hat die Tante Britta auf ihre Schultern gesetzt, und ihm hat das ziemlich gefallen, obwohl ihm sonst schlecht wird, wenn er so hoch droben ist.

Für mich dagegen gab es nichts zu sehen. Nur die schwitzenden Leute vor mir in ihren viel zu kleinen Trikots, die konnte ich sehr genau sehen. Ich war echt sauer, gab mir aber alle Mühe, meine Situation nicht mit dem schlimmen Wort, das mit Sch... anfängt, zu beschreiben. Doch *mein* großer Augenblick, der sollte noch kommen. Nur wusste ich das jetzt, wo ich sauer war, noch nicht.

In der Halbzeitpause sollte es ein Elfmeterschießen gegen irgendeinen berühmten Torwart geben. Das hatte der Stadionsprecher vor dem Spiel angekündigt. Und wer auf seinem Ticket eine bestimmte Zahl stehen hatte, der durfte gegen diesen „Star" antreten. Als ich so vor mich hin beleidigt war, dachte ich mir: Wenn du schon nichts Besseres zu tun hast, kannst du ja mal nachschauen, ob sich diese Zahl zufällig auf deinem Ticket befindet. Und ich schwöre!! Ich hatte diese Zahl, und zwei andere Zuschauer auch noch.

Und dann standen wir drei in der Pause auf dem Rasen: ein uralter Opa, eine dicke Frau – und ich. Jeder durfte dreimal schießen. Bei null Treffern gab es einen Trostpreis. Den bekamen die dicke Frau und der Opa – eine riesige Tafel Schokolade. Die freuten sich wie kleine Kinder, ehrlich.

Eine Flasche Wein hätte es für *einen* Treffer gegeben, und zwei Flaschen für *zwei*. Ich hatte schon zweimal getroffen. Einmal links oben ins Eck, und beim zweiten Mal flach nach rechts. Der Supertorwart, der vermutlich schon ziemlich alt war, hatte beide Male den Ball berührt, konnte ihn aber nicht abwehren. Deshalb war er vor dem dritten Elfer schwer angefressen und hat mich wütend angestarrt. Vielleicht wollte er mir Angst machen, was weiß ich.

Mama und Tante Britta hatten mir gesagt, dass sie mir die Daumen drücken würden, dass sie aber keinesfalls mit einer oder zwei Flaschen Wein zufrieden wären. Wein hätten sie schließlich selbst genug, meinte Tante Britta, und Mama sagte: „Und auch genug getrunken!" Das fanden beide wieder irre komisch.

Na gut, dachte ich, dann halt drei. Doch was es für *drei* Treffer geben sollte, das hatte der Stadionsprecher nicht verraten. Mir war es eigentlich egal, ich wollte nur die Kugel versenken. Im Stadion war es jetzt ganz ruhig. Ich nahm Anlauf. Zehn Schritte ungefähr. Ich lief los. Bei Schritt fünf schoss es mir wie ein Blitz durch den Kopf: „Mach den Panenka!!" Der Torwart hatte sich nämlich immer mit voller Kraft in eine Ecke geschmissen. Also würde ich den Ball locker in die Mitte chippen. Und genauso machte ich es. Der Torwart knallte gegen den linken Pfosten, der Ball aber rauschte mit einem satten „Wusch" ins Netz. Drei Tore – der Hauptpreis gehörte mir, Benni Petersen, zwölf Jahre, aus Unterhaching.

Das Stadion tobte, die Spieler, die auch zugeschaut hatten, klopften mir auf die Schulter oder zerstrubbelten mir die Haare. Irgendwer drückte mir einen riesigen Gutschein in die Hand, und der Stadionsprecher hielt mir ein Mikro unter die Nase und fragte mich irgendwas. Das habe ich aber nicht verstanden. Ich habe einfach geantwortet: „Das habe ich mir von Messi abgeschaut", und dann haben alle „Messi! Messi!" gerufen, es war ein Megalärm, und ich musste mit auf die Haupttribüne und habe von dort das Spiel angesehen. Es wurde am Ende sogar spannend, aber natürlich spielte keiner von denen so gut wie Messi oder Mbappé, noch nicht einmal wie Serge Gnabry. Aber vielleicht ist das auch zu viel verlangt, denn es war ja nur Zweite Liga. Ganz zum Schluss habe ich dann sogar noch erfahren, dass die andere Mannschaft aus einer Stadt namens Nürnberg kommt und „Der Glubb" heißt. Wie es auf der Fahne gestanden hatte.

Wir verpassten den Zug nach Hause. Deshalb blieben wir bis Dienstag, weil wir ja auch noch den Gutschein einlösen mussten. 500 Euro stand fett gedruckt auf dem riesigen Stück Pappe, und 483, 57 Euro stand am Ende der sehr langen Rechnung, als wir schwer bepackt aus dem Sportgeschäft in Würzburg hinaus wankten. Den Rest haben wir als Trinkgeld für die drei Verkäuferinnen dagelassen, die für uns die vielen Sachen ranschleppen durften.

Das ist alles echt sehr schön gewesen, dachte ich, als ich am Abend zu Hause endlich wieder in meinem Bett lag. Aber dass ich zwei Tage nicht in die Schule gehen musste und die Mama sich für uns beide eine fette Ausrede ausgedacht hat, das war eigentlich fast das Allerschönste an den Osterferien.

Sechs

Der neue Trainer

Mein bester Freund Lucas hat schon auf mich gewartet.
Auch am Montag und am Dienstag hatte er gewartet,
aber ich bin ja nicht gekommen, weil ich noch nicht
da war. Wir treffen uns immer im Sportpark am See,
wo vor einigen Jahren beinahe ein Kind ertrunken ist.
Aber weil ich nicht da war, hat der Lucas leider zweimal umsonst gewartet. Und ist dann natürlich immer
zu spät zum Unterricht gekommen. Ich besitze noch
nicht mal ein Smartphone, weil meine Mama Smartphones nicht leiden kann. Deshalb konnte ich dem
Lucas auch nicht Bescheid sagen, dass ich nicht komme. Allerdings hatte ich bei der ganzen Aufregung einfach vergessen, dass er auf mich warten würde. Wie ich
auch total verdrängt hatte, dass am Montag wieder die
Schule anfing und wir in der zweiten Stunde eine
Schulaufgabe in Mathe schreiben würden. Die hatte
ich verpasst. Und noch so einiges.

All das, was ich verpasst hatte, berichtete mir Lucas
am Mittwoch, während wir gemütlich zur Schule radel-
ten.

Zum Beispiel, dass Johanna eine neue Frisur hat.
Dass man aber von einer Frisur nicht sprechen kann,

weil sie sich praktisch alle Haare abrasiert hat. Und da, wo andere Leute eine Frisur haben, hat Johanna jetzt also eine Glatze. Mit einem dünnen Pferdeschwanz. In pink. An dieser Stelle konnte sich Lucas nicht mehr beherrschen. Er musste lachen. „IN PINK!!", hat er gebrüllt und noch mehr gelacht. Ich konnte nicht mitlachen. Keine Ahnung, was der Lucas an pink so komisch findet. Dann hat er sich aber wieder beruhigt und weitererzählt. Dass nämlich der Moritz gleich mit Johanna Schluss gemacht hat. Sogar das wusste Lucas. Und dass Johanna nur gesagt hat: „Wurde auch Zeit, du hässlicher Gnom!"

„Echt cool", habe ich gemurmelt. Dabei ist mir gar nicht aufgefallen, dass ich damit Johanna meinte. An die ich in den ganzen Osterferien nur einmal denken musste: als ich meine Mama nackt gesehen habe, in der Badewanne.

„Wer ist cool?", wollte Lucas wissen. „Ach nichts, unwichtig", habe ich mich rausgeredet, und Lucas fragte zum Glück nicht nach.

„Cool ist auf jeden Fall der Toni", hat Lucas dann seinen Bericht fortgesetzt. Ich wusste nicht, wer das sein sollte, *der Toni*. Also habe ich darauf gewartet, dass Lucas mir das mit dem Toni erklärt. Aber er hat einfach weitererzählt: „Wie der am Montag in die Klasse gegangen ist und gesagt hat: *Du, und du, und ihr zwei, nein, du nicht mehr, sorry, aber die Kleine dort im Eck, ja,*

49

du, du bist auf jeden Fall dabei. Nach zwei Stunden hatte er sechzehn Leute."

„Wahnsinnig interessant", unterbrach ich ihn, „und was macht *der Toni* mit den sechzehn Leuten?"

„Na, was soll er mit denen machen? Er trainiert sie natürlich", sagte Lucas und grinste mich an.

„Okayyy?", machte ich, obwohl ich immer noch nichts kapierte. Manchmal stehe ich wirklich auf der Leitung, aber diesmal war es, als wären meine Füße zwei Betonklötze, die die Leitung zu Brei zerquetscht hätten.

„Ey, Lucki", sagte ich und merkte, dass ich langsam sauer wurde, „wenn du mit mir *Wer weiß denn so was?* spielen willst, dann bist du an der falschen Adresse. Ich hab echt keine Lust auf irgendwelche *Toni*-Storys. Da ist sogar Johannas neue Frisur spannender. Erzähl mir gefälligst etwas, was mich interessieren könnte!", schnauzte ich ihn an und wäre fast vom Rad gefallen, weil ich in einen Sandhaufen gefahren war.

„Ach so", antwortete Lucas und sein Grinsen reichte in-zwischen von einem Ohr zum anderen, „das hatte ich ganz vergessen. Vom „Team *LMGU*" willst du ja nichts mehr wissen. Sorry, dass ich dich damit belästigt habe."

„Hä?", machte ich und zerrte wütend an meinem Rad, weil es im Sandhaufen stecken geblieben war und ich es einfach nicht mehr rauskriegte. „Was hat dieser Toni mit unserem „Team *LMGU*" zu tun?"

„Er heißt eigentlich Anton Brunnwieser und ist der Trainer von Taufkirchen. Du erinnerst dich? Sechs zu vierzehn? Und dass die Frau Direktor diesen Herrn Brunnwieser als Trainer verpflichtet hat? Der war übrigens auch mal Schüler am LMGU und kennt unsere Lehrer. Die meisten jedenfalls. Der Murthaler hat ihn am Montag gleich begrüßt: „Na, Brunnwieser, alter Ganove! Zieht's dich zum Tatort zurück, was?" Dann haben sie beide gelacht und der Toni hat zum **M** gesagt: „Du darfst mich ruhig siezen, Sigi, ich bin nämlich schon erwachsen." Da haben sie noch mehr gelacht."

Lucas hätte noch viel mehr erzählen können, wenn er nicht plötzlich auf seine Uhr geschaut hätte, worauf er ganz blass im Gesicht wurde. „Mist, schon wieder zu spät!", hat er ausgerufen, „ich kriege einen Verweis!" Und tatsächlich, wir waren zu spät, mindestens zwanzig Minuten. Aber einen Verweis hat er nicht gekriegt, mein bester Freund Lucas. Denn Doktor Bielefeld, der strenge Aufpasser mit den hässlichen Krawatten und den bunten Lollis, der in der Eingangshalle jedem auflauert, der wegen seiner Freundin einen Umweg machen muss oder den Bus verpasst hat, der war schon wieder weg. Mit so einer Unverschämtheit, einfach fünfundzwanzig Minuten später aufzukreuzen, hat er wohl nicht gerechnet, und die Frau Berthold-Miesel-mann auch nicht. Die hatte schon längst mit ihrer Ex angefangen, und weil die Stunde inzwischen fast vor-über war, mussten wir nicht mehr mitschreiben. Die ganze Klasse hat uns gehasst.

In der zweiten Pause sollte es ein Treffen des „Teams *LMGU*" geben. Das hatte Lucas mir noch zugeflüstert, bevor wir schweigen mussten. Sonst hätte uns die Frau Berthold-Mieselmann zur Schnecke gemacht. Zu spät zur Ex kommen und dann noch quatschen – so macht man sich garantiert unbeliebt bei der Frau Berthold-Mieselmann.

Wo das Treffen stattfinden sollte, das konnte Lucas mir nicht mehr sagen. Also bin ich ihm am Ende der vierten Stunde einfach hinterhergegangen. An einem der Kunstsäle hat er Halt gemacht. Die Tür war offen, er rein ins Zimmer, ich ebenfalls. Lucas setzte sich auf einen freien Stuhl, ich mich neben ihn. Erst jetzt be-merkte er mich und glotzte mich an, als wäre ich ein Gespenst. Er wollte gerade etwas sagen, als „der To-ni" ins Zimmer trat. Er blickte in die Runde, zählte, ob alle da waren, sagte: „Nanu? Siebzehn? Einer zu viel!", deutete dann auf mich, zuckte mit den Schultern und meinte: „Sorry. Du gehörst nicht dazu. Eure Direkto-rin hat gesagt: Sechzehn, das müsste reichen. Und die sechzehn habe ich ausgewählt. Das Team steht. Ich muss dich also bitten, den Raum zu verlassen."

Warum ich aufstand und ohne zu protestieren aus dem Zimmer ging, das kapiere ich bis heute nicht. Ich bin einfach raus, noch nicht einmal die Tür habe ich zugeknallt, sondern sie extra leise und vorsichtig hinter mir geschlossen.

Ich wollte ja schließlich keinen schlechten Eindruck hinterlassen. Falls er es sich doch noch anders überlegen würde, der Toni. Damit rechnete ich ganz fest. Gleich würde sich die Tür öffnen, der Toni käme raus, und er würde sagen: „Ey, Benni", würde er sagen, „los, komm wieder rein. War nur ein Scherz."

Aber die Tür blieb zu, drinnen lachten ein paar, wer, das konnte ich mir denken, denn ich hatte Conrad und Johanna unter den Sechzehn entdeckt. Ich war wie vor den Kopf geschlagen. Konnte das wahr sein? Unser Team, das „Team *LMGU*", ohne mich? Dabei war ich doch die wichtigste Person gewesen, der Erste, dem die Frau Direktorin von ihrer Idee erzählt hatte. Oder etwa nicht? Und hatte ich nicht mit meinen vier Toren verhindert, dass unsere Mannschaft gegen Taufkirchen komplett unterging? Ich verstand die Welt nicht mehr.

Aber, fiel mir dann ein, vielleicht war das ja der Grund, warum dieser „Toni" mich nicht dabeihaben wollte. Ja, das musste es sein. Ich war einfach zu gut. Das konnte er sich nicht gefallen lassen, der Toni. Vier Tore gegen „seine" Mannschaft. Da konnte er so eine Flasche wie Conrad besser gebrauchen. Dem konnte er wenigstens noch was beibringen oder es versuchen, der Herr Brunnhuber, Brunnberger oder wie auch immer er heißen mochte.

Ich hatte mich in eine glühend heiße Wut hineingesteigert, als sich die Tür plötzlich wieder öffnete und alle herausströmten. Mich beachtete keiner, auch Lucas nicht, der sich mit Conrad unterhielt und so tat, als wären er und der Herr von Wagenseil schon immer die dicksten Freunde gewesen.

Okay, das wäre also geklärt, dachte ich. Ich fühlte mich total am Boden zerstört, aber eine Chance hätte ich vielleicht noch. Ich müsste jetzt nur reingehen in das Zimmer und mir diesen Toni mal so richtig vorknöpfen.

Und?, überlegte ich, wie sollte das aussehen? Würde ich ihn vielleicht hauen? Oder treten? Beides ging nicht. Er war viel größer und stärker als ich. Außerdem darf ich nicht hauen, und treten schon gleich dreimal nicht. Meine Mama hat es mir verboten. Und mehr als hauen oder treten fiel mir auf die Schnelle nicht ein.

Aber mit ihm reden, das wäre vermutlich eine bessere Idee. Vielleicht hatte ja irgendwer - ich ahnte natürlich, wer - schlecht über mich geredet? Das würde sich sofort, in einer Minute, aufklären lassen, wenn ich mit dem Herrn Brunnenmeier reden würde, da war ich mir sicher. Ich würde alle falschen Anschuldigungen widerlegen, und Johanna und Conrad, die würden in hohem Bogen rausfliegen. Ich wäre wieder drin im Team, und Conrad und Johanna wären draußen. Zwei Fliegen mit einer Klappe! Genial!

Alle waren verschwunden. Die Tür stand offen, also war er noch drinnen, der Herr Brunnbacher. Er hatte es offenbar nicht eilig, sondern saß ganz gemütlich auf einem Stuhl. Und grinste mich an. Er bot mir an, mich zu setzen, aber das lehnte ich ab. Sein Grinsen wurde noch breiter. Jetzt hätte ich ihn am liebsten doch getreten, dafür trat ich einen Stuhl um, und er? Er lachte.

„Ich habe vier Tore geschossen!", schrie ich, etwas anderes fiel mir nicht mehr ein. Aber ich wollte doch so viel sagen, stattdessen stotterte ich nur rum, und fast hätte ich angefangen zu heulen – vor Wut, vor Ohnmacht, vor Enttäuschung.

Mitten hinein in meine Verzweiflung fing der Herr Trainer an zu sprechen: „Also, ähm, Benedikt, oder? Völlig korrekt: Du bist der, der vier Tore gegen meine Mannschaft geschossen hat. Das schaffen nicht viele!"

„Genau", schluchzte ich und war erleichtert. Er erinnert sich, dachte ich, und dass jetzt bestimmt alles gut werden würde.

„Aber", fuhr er mit eisiger Stimme fort, und mir war, als würde ich mich ganz langsam, Millimeter für Millimeter, in einen Eiszapfen verwandeln. „Aber du bist auch der, der nur rumgestanden ist und gewartet hat, bis ein Ball zu ihm kam. Und wehe, der Ball kam nicht genau und der Benni musste ihm einen oder zwei Schritte entgegenlaufen, dann hat er aber geschimpft, der Benni, nicht wahr? Schlimme Ausdrücke sind dann auf deine armen Mitspieler eingeprasselt. Ich habe mich echt geschämt. Für dich!"

„Aber...", wollte ich protestieren, weil ich das völlig anders in Erinnerung hatte.

„Lass mich gefälligst ausreden!", fuhr er mich an und sprang auf. „Wenn der Benni", begann er wieder, „endlich mal den Ball hatte, dann wollte er ihn überhaupt nicht mehr hergeben. Lieber hat er es mit vier oder fünf Gegnern aufgenommen, als den Ball einem anderen zuzuspielen. Der vielleicht freistand oder in den freien Raum gelaufen ist."

„Da stand aber keiner...", schrie ich, „...du hast es nur nicht bemerkt", schrie er zurück, „weil du es nicht bemerken *wolltest,* und überhaupt, was bildest du dir überhaupt ein, du *Würstchen, ich* habe das Spiel gesehen, also quatsch hier keinen Käse, solche wie dich kenne ich, die wollen immer nur *selber* glänzen und brauchen kein Team um sich herum, außer, um es zu beschimpfen."

Er schwieg.

Endlich, dachte ich. Sein Atem ging schwer, und mein Kopf dröhnte. Doch er war noch nicht fertig.

„Aber ich bin ja kein Unmensch", sagte er mit heiserer Stimme. „Nenne mir einen einzigen Grund, warum ich dich in mein Team aufnehmen sollte. Wenn du mir einen guten Grund, einen sehr guten Grund nennst, mache ich eine Ausnahme. Wenn nicht..."

WENN NICHT...!

Die Drohung hing über mir wie irgend so ein berühmtes Schwert, über das wir in Latein oder Geschichte gesprochen haben. Ich hatte nicht aufgepasst, wie immer. Und ich wusste deshalb auch nicht, ob dieses Schwert irgendwann mal runtergefallen ist oder noch immer droben an der Decke hängt. Mich würde es treffen, das Schwert. Das war sicher. Falls das stimmte, was der Herr Brunnberger über mich gesagt hatte, dann gab es keinen Grund. Einen guten schon gar nicht. Da musste ich mich nicht künstlich verrenken und mir irgendeinen Blödsinn ausdenken.

Trotzdem war ich unsicher. Hatte ich mich tatsächlich so aufgeführt, wie es dieser Herr Brunnbichler beschrieben hatte? Oder war das alles von ihm nur erfunden? Ich wusste nicht, was ich denken sollte. Ich erinnerte mich einfach nicht. An absolut nichts. In meinem Kopf war nichts als Leere.

Eine Ewigkeit später hob ich den Stuhl, den ich umgetreten hatte, wieder auf und stellte ihn an seinen Platz zurück. Dann ging ich zur Tür, öffnete sie, drehte mich zum Herrn B. um und sagte: „Danke für…", aber mir fiel nichts ein, wofür ich ihm danken sollte, „…für, äh, für nichts – und, äh, ja…"

Dann ging ich.

Ich ging aber nicht zurück in den Unterricht, sondern fuhr nach Hause. Zu Hause kroch ich ins Bett. Mir war kalt. Und heiß. Und wieder kalt. Heißkalt. Ich blieb zehn Tage im Bett. Die Mama war verzweifelt. Die Ärztin, die sie hatte kommen lassen, konnte nichts finden. „Ein bisschen Fieber", meinte die, „sonst nichts. Das vergeht wieder." Und dann sagte sie zu mir: „Gute Besserung". Das war das Letzte, was ich gehört habe. Und sonst? Keinen Schimmer. Ich war zehn Tage einfach weg vom Fenster. Kein Essen, nichts zu trinken, kein Fernsehen, keine Schule. In diese Schule würde ich eh nicht mehr gehen. Das hatte ich mir auf dem Nachhauseweg geschworen, und dabei hatte ich Rotz und Wasser geheult, aber das war mir so was von egal gewesen. Mein Rad habe ich in die Hecke vor unserem Haus gepfeffert, die Schultasche in den Mülleimer. Danach ging es mir aber nicht besser, im Gegenteil.

Und als die Mama von der Arbeit kam, lag ich längst schon im Bett. „Geh weg", habe ich geflüstert, aber eigentlich wollte ich, dass sie dableibt, dass sie mich in den Arm nimmt und mir ein Lied singt, zum Einschlafen. Dann sollte sie sich zu mir ins Bett legen, ich würde mich an sie kuscheln, alles Böse würde sich auf der Stelle in Luft auflösen und das Leben wäre endlich wieder schön.

Sieben

Ein überraschender Besuch

Die Tage wurden länger, mal schien die Sonne, manchmal regnete es. Das beobachtete ich von meinem Bett aus. Ich war wieder einigermaßen gesund, zumindest hatte ich kein Fieber mehr. Aber ich hatte einfach keine Lust aufzustehen. Mir tat irgendwie alles weh. Und meine Stimme hörte sich komisch an. Als würde sie zu einem anderen Jungen gehören, den ich nicht kannte.

Wicki machte sich ständig über mich lustig. Eines Tages sagte er sogar: „Wahrscheinlich bist du gar nicht mein Bruder. Vielleicht hast du dich ja verirrt und bist eigentlich das Kind von ganz anderen Leuten? Die suchen dich jetzt und weinen den ganzen Tag, weil du nicht mehr da bist."

„Mir doch egal", murmelte ich und zog mir die Decke über den Kopf.

„Aber vielleicht weinen sie auch nicht." Er konnte einfach nicht aufhören, der kleine Sadist. „Weil, sie haben meinen echten Bruder gefunden und ihn gleich da behalten. Und dich würden sie nicht mehr nehmen, wenn du zurückwillst."

Dann ist er weggerannt und hat sich draußen einen abgelacht. Ich hatte noch nicht mal Lust, ihn für diese

Frechheit zu hauen, also natürlich nicht richtig hauen, nur so im Spaß. Ich blieb einfach im Bett und döste vor mich hin. Nichts machte mir Freude. Nicht mal der Gedanke, dass ich nicht zur Schule gehen musste, konnte mich aufheitern. Ich wäre ja gern aufgestanden, allein schon wegen meiner Mama. Aber der schien das alles gar nichts auszumachen. Wo sie sich doch sonst über alles aufregt und das Schlimmste befürchtet. „Das wird schon", sagte sie nur und strich mir ganz zart über den Kopf. Und dabei lächelte sie mich so komisch an.

An einem Samstag Vormittag läutete es an unserer Tür. Die Mama war beim Einkaufen und Wicki spielte im Wohnzimmer. „Ein Paket!", hörte ich ihn rufen und dass er aufmachen wolle. „Nein, nicht!", krächzte ich, riss mir die Bettdecke vom Körper und wollte mich aufrichten. Durch die plötzliche Bewegung wurde mir schwindlig, meine Beine fühlten sich an wie Wackelpudding und ich fiel aus dem Bett. Zum Glück auf den weichen Teppich. Von dort hörte ich, wie Wicki sagte: „Schade. Kein Paket. Aber Besuch. So eine Art Mädchen, glaube ich. Mit Glatze!"

Ich hob den Kopf, wollte rufen: „Bloß nicht reinlassen!", aber es war zu spät. Ich konnte nur noch ohnmächtig zusehen, wie das Grauen unaufhaltsam auf mich zu kam. Den zwei nackten Beinen meines kleinen Bruders folgten zwei längere, die in einer zerrissenen Jeans steckten. Oberhalb der Jeans breitete sich die Farbe Pink großzügig in alle Richtungen aus, bis in die Haarspitzen des Pferdeschwanzes hinein, der lustig auf und nieder wippte. Das kam daher, weil die Person, die zu dem Pferdeschwanz gehörte, lachte. Und die wollte auch gar nicht mehr aufhören zu lachen, bis sie schließlich doch etwas sagte:

„Du siehst echt witzig aus, Alter", meinte sie und schaute mich von oben bis unten an. Dann fragte sie mich, ob ich vielleicht die Klamotten von meinem kleinen Bruder auftragen müsse. Und nachdem ich mich wieder unter meine Decke geflüchtet hatte, meinte sie bloß: „Chill mal, Alter. Bin eh gleich wieder weg."

Da hörte ich, wie draußen die Tür aufgeschlossen wurde. Die Mama kam zurück. Und ich lag halbnackt im Bett, und ein Mädchen war bei mir im Zimmer. Und nicht nur irgendein Mädchen, sondern *dieses* Mädchen, an das ich denken musste, als die Mama damals, vor unendlich langer Zeit, zu uns in die Badewanne gestiegen war. Sie würde vielleicht schimpfen, dass wir jemand Fremdem aufgemacht hatten. Ich hätte es auf Wicki schieben können, aber das wäre gemein, dachte ich, denn mit diesem Besuch war echt nicht zu rechnen gewesen, und außerdem war Johanna ja nicht „fremd", also nicht richtig fremd, sondern…

Doch die Mama war nicht sauer. Im Gegenteil. Sie begrüßte Johanna fast wie eine Freundin und sagte, wie cool sie ihre neue Frisur findet und dass es „sehr nett" von ihr, also von der Johanna, sei, dass sie mich besucht, und ob sie einen Saft oder ein Stück Kuchen haben wolle, sie, also meine Mama, sei gerade beim Bäcker gewesen, und Johanna wollte beides, Saft und Kuchen, „sehr gerne, Frau Petersen", sagte sie und lächelte meine Mama an, als wäre sie total verliebt in sie.

Und als auch ich ein Stück Kuchen wollte, war meine Mama richtig happy und meinte, dass sie uns jetzt mal allein lassen würde, wir hätten uns bestimmt viel zu erzählen, nach der langen Zeit.

Dass ich mit Johanna noch nie ein Wort gewechselt hatte, außer ein paar Beschimpfungen oder der fiesen Bemerkung nach dem kleinen Schubser im Ethikunterricht, das hatte meine Mutter offensichtlich vergessen. Und jetzt sollte ich mit Johanna ein richtiges Gespräch führen, wie man das mit ganz normalen Leuten tut, also mit Lucas, zum Beispiel, oder meinetwegen auch mit Frau Michelsen?

Wir aßen zunächst einmal den Kuchen. Ich schaffte nur ein halbes Stück und bot Johanna die zweite Hälfte an. Wir tauschten die Teller, aber nicht die Gabeln, zum Glück, sonst hätte ich ja Johannas Spucke in meinem Mund…, egal, sie jedenfalls stopfte sich den Rest hinein, als hätte sie schon seit Ewigkeiten nichts mehr gegessen.

Es schmeckte ihr, denn sie schmatzte laut, wie meine Mama es mir nie erlauben würde. Dann trank sie den Saft, rülpste kräftig, und wir hatten uns, außer „Willst du?" und „Gib schon her!", noch nichts zu sagen gehabt.

Zufällig fiel ihr Blick auf die Wand, an der unser Schreibtisch steht, der von Wicki und mir.

An der Wand hängt eine Zeichnung. Wie ein Bild aus einem *Manga*. Aber von mir gemalt. Denn *Mangas*, also diese japanischen Comics, falls jemand von euch die nicht kennt, die gefallen mir ziemlich gut. Sie sind teuer, deswegen habe ich nur ein paar, allerdings sämtliche Hefte von *Lila*. Und für mich erfinde ich selbst auch welche, also nur so Einzelszenen, keine ganzen Geschichten.

Johannas Blick fiel also auf die Zeichnung. Sofort deutete sie drauf. „Hey, cool! ", sagte sie. „Das ist doch aus...", fuhr sie fort, wusste aber nicht weiter.

„Eine Farbe", half ich ihr großzügig, und Johanna: „Pink?" Ich: „Fast. *Lila*." Sie lachte und sah sich meine Zeichnung näher an. „Ist das nicht der Typ, der mit dem Schwert in ein Restaurant geht und vom Balkon auf den Tisch springt?", fragte sie dann. „Yep, eine meiner Lieblingsszenen", sagte ich, „vor allem, als er den Tisch versehentlich in zwei Teile zerschlägt und dann mit dem Kopf in der Suppenschüssel landet."- „Genau, echt crazy", meinte Johanna, und sie erzählte mir, welche Hefte sie schon gelesen hatte, und ich zeigte ihr meine, und noch ein besonders schönes Heft, das meine Mama gezeichnet hatte. „Das nennt man *illustriert*. Wusstest du das?" Und da war Johanna völlig fertig.

„Deine Mutter?", fragte sie erstaunt und in ihren Augen flackerte irgendwas, das konnte ich aber nicht so richtig deuten, Bewunderung vielleicht? Keine Ahnung.

Eine Stunde verging wie nichts, und als die Mama uns zum Mittagessen holte, Spaghetti mit Sugo und Salat, da saß ich neben Johanna am Tisch und wir sprachen einfach weiter und aßen und erzählten jetzt zu dritt, weil sich die Mama natürlich mit *Mangas* auskannte, viel besser als wir, denn sie hatte das ja gelernt und echt eine Ahnung. Und sogar der Wicki konnte was dazu sagen, weil er in einer Geschichte als Figur vorkommt, die später in einen Mistkäfer verwandelt wird. Das hat ihm nicht so gut gefallen.

Und als es zwei Uhr war, schaute Johanna auf ihr quakendes Smartphone und meinte, dass sie eigentlich um zwölf wieder zu Hause erwartet wurde. Und ob ich nicht nach den Ferien wieder in die Schule kommen wolle. Und dass ich unser Team nicht im Stich lassen dürfe, denn ohne mich (und das hat sie tatsächlich gesagt, ich schwöre), *ohne* mich wären sie nur ein Haufen halbwegs begabter Kicker, *mit* mir aber...

Den Satz hat sie dann nicht beendet, sondern nur „Tschau, Alter, und danke, Frau Petersen, für das leckere Mittagessen!" gerufen und die Tür hinter sich zugezogen. Gleich darauf hat es noch einmal geläutet, die Mama hat geöffnet, es war wieder Johanna, die hat ihre Hand ausgestreckt und der Mama etwas gegeben.

„Für Benni", hat sie gesagt, „das hätte ich fast verges- sen", und dann war sie wieder weg.

Die Mama überreichte mir ein zerknittertes Päck- chen Gummibärchen. Meine Lieblingsmarke, *Pico Bal- la*. Woher weiß Johanna, welche Gummibärchen ich am liebsten mag? Und seit wann nennt sie mich Benni und nicht *Messi* oder Doofmann? Mir brummte der Schädel vor lauter Fragen. Vor allem aber fragte ich mich, was diese eine Sache zu bedeuten hatte: dass ich nämlich jetzt schon fast zwei Stunden am Stück auf war und keine Lust mehr hatte, mich im Bett zu ver- kriechen. Und es fühlte sich ganz selbstverständlich an, wie das Natürlichste der Welt.

Sicherheitshalber fragte ich meine Mama: „Bin ich jetzt wieder gesund?" Sie drückte mich fest an sich und sagte: „Ja, mein Großer! Das bist du."

Sie roch unfassbar gut, meine Mama. Ich hing ver- zückt in ihren Armen, und ich hätte mich am liebsten unendlich lang von ihr so drücken lassen, wenn da nicht dieses *eine* Wort im Raum gestanden wäre. Mein

Großer, hatte mich die Mama eben genannt. Was wollte sie damit sagen? Bisher war ich nur ihr *Kleiner* gewesen, und Wicki war noch kleiner, nämlich ihr *Zwerg*.

Was war passiert, dass sie mich plötzlich mit „mein Großer" anredete? Bevor ich diesem Rätsel nachging, wollte ich mich anziehen. Mit Waschen und sonstigem überflüssigen Kram hielt ich mich nicht auf, sondern ging gleich zum Schrank mit den Klamotten. Da lagen sie, meine Sachen, und warteten geduldig, dass ich mich endlich wieder um sie kümmerte. Ich suchte nach meinem Lieblingsshirt, das mit dem grinsenden Messi auf der Vorderseite. Eine schwarze Unterhose dazu, die bunten Ringelsocken für die gute Laune und meine Jeans.

Die Unterhose schien aus Wickis Abteilung zu mir gewandert zu sein. Da hatte die Mama wohl nicht aufgepasst. Dann nehme ich halt eine weiße, ist ja egal, dachte ich, und zog sie über. Die passte mir aber noch weniger, und die dritte ebenfalls nicht. „Mama!", rief ich, weil, irgendwer musste ja schuld sein, dass hier so eine Unordnung herrschte. In der Zwischenzeit, bis sie eintraf und sich gefälligst für das Chaos bei meinen Klamotten entschuldigte, würde ich die Socken und das T-Shirt anziehen. Aber es war wie verhext, auch diese beiden Teile, die eindeutig mir gehörten, waren viel zu klein. Vielleicht hatte Mama meine Anziehsachen ja aus Versehen in die Kochwäsche getan, dachte ich, und bei der Gelegenheit waren sie geschrumpft? Das würde ich sie gleich mal fragen. Wenn sie nur endlich käme!

„Mama!", rief ich noch einmal, etwas lauter und ungeduldiger. Als ich ihre Schritte hörte, fiel mir auf, dass ich nackt war, und schlang mir rasch die Bettdecke um den ganzen Körper. Keine Sekunde zu früh, denn schon stand sie im Zimmer und grinste mich an.

„Was gibt es da zu grinsen?", fragte ich sie und verzog das Gesicht, „hast du noch nie eine Bettdecke gesehen?"

Doch sie grinste noch breiter, meinte: „Klar, hab ich, aber dir steht sie besonders gut, die Decke", und zeigte mir, was sie mitgebracht hatte: einen Stapel Klamotten. „Hier", sagte sie dann und drückte mir den Stoffberg gegen die Brust, „das müsste fürs Erste reichen."

„Wofür reichen?", fragte ich und quetschte verzweifelt das Kinn gegen die Klamotten, weil ich meine Hände nicht benutzen konnte, denn die umklammerten ja die Decke.

Und die wollte ich auf keinen Fall loslassen.

„Ich geh dann mal", meinte die Mama, „du kommst hoffentlich allein zurecht!" Sie verließ das Zimmer, drehte sich aber noch einmal um, lächelte und sagte: „Mein Großer!", und dann schloss sie die Tür.

ENDLICH!!

„Puuhh!", machte ich, ließ die Decke los, und die eingeklemmten Klamotten gleich mit. Mir schwirrte der Kopf. Was hatte das nun wieder zu bedeuten? Zufall oder nicht – gerade jetzt fiel mir der eine Satz von Johanna ein: „Musst du die Klamotten deines kleinen Bruders auftragen?" Ich hatte mir nichts dabei gedacht, außer natürlich *Was für ein Schwachsinn! Typisch Johanna.* Und dass meine Mutter mich ständig „mein Großer" nannte, und dass Wicki behauptete, dass ich nicht sein Bruder wäre und eigentlich zu anderen Leuten gehöre? Musste ich das alles verstehen? Oder war die Welt während meiner langen Abwesenheit inzwischen dem Wahnsinn verfallen?

Automatisch zog ich irgendwas an. Was ich aus dem Stapel so rausfischte. Alles passte, und es sah auch ziemlich cool aus. Nur eine Sache passte überhaupt nicht. Das wurde, als ich mich im Spiegel anschauen ging, überdeutlich. Denn eine Frage drängte sich dabei zwangsläufig auf: Wer war eigentlich der Typ, der mir da entgegenblickte und dem ich vor zwei Minuten die neuen Klamotten angezogen hatte? Der Benni Petersen, den ich in Erinnerung hatte, war es jedenfalls nicht.

Acht

Alles auf Anfang

„Du bist fünfzehn Zentimeter gewachsen. Fünfzehn!"

Dann bin ich jetzt einsfünfundsechzig, nur drei Zentimeter kleiner als Messi, war mein erster Gedanke gewesen, als meine Mutter, also die Mama, mir die Sache mit den neuen Klamotten erklärt hatte.

Mein Rad war leider nicht mitgewachsen, und so fuhr ich, um halb acht, gewissermaßen auf einem Kinderrad zur Schule. Allein. Denn Lucas würde natürlich nicht auf mich warten. Wie auch. Ich hatte ihm schließlich nicht Bescheid gesagt, dass ich heute, am letzten Tag vor den Pfingstferien, wieder einmal den Unterricht aufsuchen wollte. Dass ich mir vor hundert Jahren geschworen hatte, diese Schule nie mehr zu betreten, war mir völlig entfallen.

Ich war zehn Minuten zu früh. Doktor Bielefeld hätte, als er mich eindringlich musterte, beinahe seinen Lolli verschluckt. Ein Hustenanfall war die Folge, und er sah mich noch misstrauischer an als eh schon. Er schien mich nicht mehr zu kennen, so ohne Maske. Vielleicht hielt er mich für einen Terroristen oder irgendein anderes verdächtiges Subjekt. „Name! Klasse!", schnarrte er, doch da er vergessen hatte, den Lolli aus dem Mund zu nehmen, hörte es sich an, als ob er „Nmmmpf!" und „Klllsssch!" sagen würde, so dass ich keinerlei Notwendigkeit sah, der Aufforderung nachzukommen.

Ich blickte ihn freundlich an, sagte „Guten Morgen, Herr Doktor Bielefeld. Coole Krawatte!", und bog ab in Richtung Treppe. Als ich die Stufen hochstieg, sah ich, dass sein Lolli auf die Krawatte gefallen war, vermutlich vor Schreck, und dort einen hässlichen grünen Fleck hinterlassen hatte.

Und da in diesem Augenblick ein Schwall Fünftklässler zur Eingangstür hereindrängte und über den Doktor Bielefeld, der sich gebückt hatte, um seinen Lolli aufzuheben, drüberfiel, konnte ich ohne weitere Belästigung meinen Weg zum Klassenzimmer fortsetzen.

Ich war der Erste. Halt, nein, da stand schon einer. Nicht besonders groß, aber ich konnte ihn aus der Entfernung nicht erkennen. Er textete gerade sein Smartphone zu, jammerte rum und stotterte irgendwas von „Das kannst du nicht bringen!" und „Ich liebe dich doch!!".

Phhh!, dachte ich, der macht sich vielleicht wichtig, der Kleine. Der war doch viel zu jung für eine Freundin. Aber irgendwas war komisch. Den Typ kannte ich nicht, dafür aber die Stimme. Die kannte ich. Das letzte Mal, als ich sie gehört hatte, vor Ewigkeiten, hatte

sie gerade zu Lucas den Satz „Phänomenal, dieser Toni" gesagt.

Wie war das möglich? Wenn mich mein Gehör nicht
grausam täuschte, dann musste dieser Winzling dort
im Halbdunkel Conrad von Wagenseil sein. Mein Erz-
feind Conrad! Und von wem er gerade abserviert wurde, das war mir so was von egal. Sollte ich jetzt Mitleid
mit ihm haben? Oder ihn lieber gleich verprügeln? Als
Rache für die unzähligen Demütigungen, die ich mir
jahrelang gefallen lassen musste.

Ich beschloss, mich erst einmal zu räuspern. Es klang
dunkel, fast schon bedrohlich. Conrad schreckte auf.
Er hatte mich noch nicht bemerkt. Dann glotzte er
mich an und fing an zu stottern:

„Entsch...tschuldigung, ich, ich gehe scho...schon.",
und wollte sich voller Panik an mir vorbeiquetschen.

Ich hielt ihn am Arm fest, sagte „Ey, Conni", und
war selbst erstaunt, wie fremd meine Stimme klang,
„bleib mal cool, ich tu dir schon nichts."

„Kenn...kennen wir uns? We...wer bist du?", fragte er
und kniff die Augen zusammen.

„Keine Ahnung, ob du dich an mich erinnerst. Ist ja
tatsächlich eine Ewigkeit her. Ich bin der, den du gerne mal mit „Du Opfer" beschimpft hast. Na? Fällt der
Groschen?"

„Be...Benni? Du? Der kleine..., äh, Messi?"

„Na, inzwischen bin ich immerhin so groß wie Messi (was gelogen war, aber nur ein klein wenig), und wie ich sehe, bist *du* ja eher geschrumpft als gewachsen."

Conrad lief rot an und ballte die Faust. Ich drückte seinen Arm ein wenig fester, und schon hob er die Hände, sagte „Äh, alles gut!" und „Super, dass du wieder da bist, Benni!", was eine glatte Lüge war, denn wer Conrad kannte, und ich kannte ihn schon fast drei Jahre, der wusste, dass er noch nie etwas Nettes zu mir gesagt hatte. Und dass er damit auch heute nicht beginnen würde.

Der Tag brachte noch die eine oder andere Überraschung für mich. Mein angeblicher Freund Lucas zum Beispiel traute sich zunächst nicht, mich anzusprechen, weil ich jetzt nicht nur *einen* Kopf größer war als er, sondern mehr als zwei.

Frau Berthold-Mieselmann glaubte, ich sei ein neuer Schüler, und beklagte sich, dass die Schulleitung sie, „wie immer", nicht informiert hatte. Einen Benjamin Petersen jedenfalls, behauptete sie, würde sie garantiert nicht kennen.

Merve aus der zweiten Reihe beschwerte sich lautstark, dass ich ihr „die Sicht nach vorne" versperrte. *Nach vorne* bedeutete aber nicht „die Tafel", sondern ungehinderter Blick auf ihren Lieblingslehrer, unseren Biolehrer Cem Dagdelen.

Und Johanna zwinkerte mir irgendwann mal zu, was Conrad natürlich mitkriegte, weil er sie die ganze Zeit sehnsüchtig anstarrte. Er bekam einen mittleren Tobsuchtsanfall, ich dagegen hatte keine Ahnung, was Johanna mir sagen wollte.

In der letzten Stunde kam dann noch die Direktorin zu uns in den Musiksaal. Sie begrüßte mich ganz normal, als wäre ich gerade mal einen Tag krank gewesen, drückte mir dann einen dicken Ordner in die Hand und sagte: „Hier, für dich, Benjamin, zum Nachlernen in den Ferien. Die ganze Klasse hat mitgeschrieben, damit du das Schuljahr nicht wiederholen musst. Am zweiten Tag nach den Ferien wartet eine Sonderprüfung in den wichtigsten Fächern auf dich. Aber das steht alles hier drin, deine Mutter weiß Bescheid. So, und jetzt raus mit euch! Genießt die Ferien, der Rest des Schuljahrs wird fürchterlich!"

Und dabei grinste sie, als hätte sie soeben den besten Witz der Welt erzählt.

Draußen, vor dem Musiksaal, trat Frau Michelsen noch einmal auf mich zu. Sie räusperte sich und sagte: „Äh, Benni, „Team *LMGU*", du erinnerst dich? Um zwei ist das letzte Training vor den Ferien. Sieh zu, dass du pünktlich bist, sonst hat der Herr Brunnwieser wieder einen neuen Grund, dass er dich nicht mitspielen lässt. *Ein* Mal bitten und betteln, das hat mir echt gereicht, das kannst du mir glauben. Und mach mir gefälligst keine Schande!"

Und dann streckte sie mir ihre Faust entgegen, sagte „Für Messi!", ich antwortete „Für Messi!" und hätte mich fast verschluckt, so dass ich nur ein Krächzen hervorbrachte, als ich hinzufügte: „Und danke, äh, für alles, Frau Direktorin!"

Sie klopfte mir auf den Rücken, ich musste husten, sie sah mich belustigt an und sagte dann: „Der wird dich nicht wiedererkennen, der Toni!"

Und ich dachte: Aber der wird mich kennen lernen, der *Herr* Toni!

Die Sonne schien. Doch sie schien nicht nur einfach so, sondern knallte vom Himmel herab, dass man vom bloßen Anblick schon zu schwitzen anfing. Das Gras auf dem Platz in der Grünau sah aus, als hätte es ebenfalls mehr als genug Sonne abgekriegt und würde sich jetzt mal eine Pause wünschen.

Das „Team *LMGU*" war vollständig versammelt, und auch ich hatte es geschafft, rechtzeitig da zu sein. Das war tatsächlich nicht leicht gewesen, denn ich fand zu Hause absolut nichts, was ich anziehen konnte. Unter Mamas Sachen, ganz hinten im Schrank, entdeckte ich nach langem Suchen eine Art Jogginghose. In der würde ich natürlich noch mehr schwitzen als in Shorts. Aus der Schmutzwäsche wühlte ich eins ihrer Mal-T-

Shirts heraus. Es hatte unzählige bunte Flecken und obenrum, also Brust und so, war es ziemlich ausgebeult. Meine in den Osterferien neu gekauften – und ungetragenen – Fußballschuhe waren mir zu klein, die alten ebenfalls, und die von Wicki konnte ich sowieso vergessen. Die einzigen Schuhe, die mir passten, und die einzigen, die ich aktuell besaß, waren die Sneakers, die Mama mir mitgebracht hatte. Die hatte ich aber schon im Unterricht getragen. Ich machte also einen echt peinlichen Eindruck, als ich in der Grünau eintraf. Und entsprechend ungläubig starrten mich die anderen an. Nur Johanna reckte den Daumen hoch, aber vielleicht war das auch nur ironisch gemeint.

Herr Toni jedenfalls setzte seine frostigste Miene auf, als er mich erblickte. Immerhin schickte er mich nicht gleich wieder weg.

Ein gellender Pfiff – es ging los. Wir sollten drei Runden laufen, mit Temposteigerung. Bis jetzt kein Unterschied zum Training vom Eichler, dachte ich. Von *Herrn* Eichler, korrigierte ich mich, denn so viel Respekt musste bekanntlich sein.

In der ersten Runde hatte ich den Eindruck, als würden meine Beine machen, was sie wollten. Sie schlenkerten unkontrolliert in der Gegend herum, und ich musste ihnen einfach dorthin folgen, wo sie mich hinführten. In der zweiten Runde fanden wir, meine Beine und ich, nach hartem Kampf einigermaßen zusam-

76

men, und die dritte Runde beendete ich mit einem sensationellen Spurt, so dass ich wenigstens nicht als Letzter eintraf.

Auch bei der nächsten Einheit stand ich zugegeben recht hilflos auf der graubraunen Wiese herum, und die Beine schienen keine Ahnung zu haben, was sie mit dem unbekannten Wesen namens Ball anfangen sollten. Ich versuchte zu passen, ich schoss, aber ich traf nicht richtig und der Ball kullerte oder holperte in alle möglichen Richtungen, nur nicht dahin, wo er hin sollte. Zum Glück war Lucas mein Partner. Dem schien es überhaupt nichts auszumachen, dass er dem Ball kilometerweit hinterherhecheln musste, im Gegenteil: Je weiter er laufen musste, desto mehr strahlte er über das ganze Gesicht. *Sorry*, dachte ich jedes Mal, wenn Lucas den Ball aus der Weitsprunggrube herauskratzte oder ihn auf der Tribüne suchte. Es war mir unangenehm, und ich war überzeugt, dass ich das Fußballspielen total verlernt hatte.

Zu diesem Zeitpunkt ahnte ich nicht, dass mir das Schlimmste noch bevorstehen würde. Den Abschluss des Trainings bildete ein Spiel. Neun gegen acht, und ich war bei „Team 8", „weil wir jetzt ja einen *Super-Star* unter uns haben, der natürlich für zwei zählt."

Originalton Herr Brunnwieser, und drei oder vier lachten auch, weil es wohl witzig gemeint war.

Alles klar, dachte ich, dem werde ich es nie recht machen können. Immerhin fiel mir zum Glück noch rechtzeitig ein, dass ich mich mit Kommentaren zurückhalten sollte, damit ich bei ihm nicht komplett unten durch war. Ich sagte also kein einziges Wort, zu niemandem. Das hatte aber leider zur Folge, dass ich von den Leuten aus meinem Team irgendwie nicht beachtet wurde. Sie *sahen* mich nicht einmal. Einer, den ich nicht kannte, rannte mich sogar über den Haufen und glotzte dann beleidigt, weil ich ihm nicht schnell genug ausgewichen war.

Den Ball bekam ich erst recht nicht, logisch, auch wenn ich der Einzige war, der freistand. Ich hätte rufen können, „zu mir" oder „gib ab", also total harmlose Sachen, aber das hätte der Herr Brunnwieser ja wieder als Egoismus oder als Beleidigung meiner Mitmenschen auffassen können. Und so ließ ich es sein, hatte aber eine unbestimmte Ahnung, dass noch etwas Dramatisches passieren würde.

Nach fünfundzwanzig Minuten stand es null zu null. Die spielen sich den Ball ganz nett zu, dachte ich, aber immer bloß dieses Herumgepasse im Mittelfeld, und wenn einer nicht mehr weiterweiß, gibt er einfach zum Torwart zurück – so was von laaaangweilig, Leute! Keiner schien sich dafür zu interessieren, dass es dort, weit hinten, ein Tor gab, in das man den Ball auch mal hineinschießen konnte.

78

„Noch fünf Minuten", rief irgendwann der Herr Trainer, der am Spielfeldrand herumstand und sich mit einer Schülerin aus der Oberstufe unterhielt. Die beiden verstanden sich prächtig, jedenfalls kicherte sie die ganze Zeit, während er sich an sie ranschleimte.

Und plötzlich war sie da, die Gelegenheit. Einer aus meiner Mannschaft, ich kannte ihn nicht, stolperte über den Ball. Den schnappte ich mir und schob dabei ein Mädchen, das unentschlossen im Weg stand, sanft zur Seite. Völlig überraschend fiel sie wie vom Blitz getroffen zu Boden, aber das war mir in diesem Augenblick egal. Ich hatte den Ball und sah, dass es gut zwanzig Meter bis zum Tor waren. Etwas weit, dachte ich, aber ich konnte es ja mal versuchen. Ich holte aus, zog ab und traf perfekt. Der Ball zischte durch die Luft und landete präzise im Kreuzeck. Ein Traumtor! Tor des Monats, ach, was sage ich, des Jahres!!

Vor Glück breitete ich die Arme weit aus und lief dem Ball hinterher, um ihn aus dem Netz zu holen. Da hörte ich, wie eine mir nicht unbekannte Stimme „Foul!" rief. Sofort ertönte ein Pfiff, laut, schrill und durchdringend. Und eine andere Stimme schrie: „Hey, Conni, danke! Schweres Foul! Kein Tor!" Und dann brüllte sie, diese Stimme: „Runter mit dir, du, du...!"

Es war natürlich kein großes Geheimnis, wem diese andere Stimme gehörte. Unserem Trainer, dem Toni, der jetzt mit dunkelrotem Gesicht an der Linie tobte und wie ein Hampelmann herumzappelte. Sein rechter Arm mit dem überlang ausgestreckten Zeigefinger deutete schräg nach oben, zum Mond, oder vermutlich gleich zum Mars, wohin ich mich unverzüglich auf den Weg machen sollte.

„Und lass dich bloß nicht mehr blicken, du, äh, du *Suppenstar!*", rief er mir noch hinterher, als ich schon zum Ausgang unterwegs war. Ich blieb stehen, drehte mich um, ging ein paar Schritte zurück und sagte, ganz ruhig, aber so, dass alle es hören konnten:

„Du bist das letzte Arschloch, Brunnbiesler. Verzeihung, *Herr* Brunnbiesler."

Dann verließ ich den Platz.

Ich fühlte mich, wie soll ich sagen, erleichtert? Oder sogar stolz, weil ich diesem „Toni" nicht in den Allerwertesten gekrochen war? Was ich vielleicht hätte haben sollen, ein schlechtes Gewissen zum Beispiel, das hatte ich absolut nicht. Noch nicht einmal deswegen, dass ich ein „schlimmes Wort" verwendet hatte. Im Gegenteil: Dieses Wort fühlte sich richtig an, denn etwas anderes als ein A... (ihr wisst, was ich meine) war dieser Herr Brunnwieser echt nicht. Und selbst wenn ich das als Einziger so empfinden würde, hieß das ja nicht, dass ich im Unrecht war.

Hinter mir war es laut geworden. Mehrere Leute schrien durcheinander. Helle Stimmen, tiefe Stimmen, das schönste Chaos. Eine Stimme jedoch war nicht zu überhören. Sie brüllte: „Dann geht doch! Ich halte euch nicht auf." Zwei oder drei gaben ein dünnes „Bravo!" von sich, deutlich mehr riefen begeistert „Yeaahhh! Wir hauen ab!" Und dann hörte ich eine einzelne, mir inzwischen schon beinahe vertraute Stimme: „Benni, warte! Wir kommen mit dir!" Und mir lief es heiß und kalt den Rücken runter.

Neun

Eisbecher im *Dolce Vita*

„Ihr habt *was?*"

Fassungslos blickte die Frau Direktor von einem zum anderen und wieder zurück. Das dauerte eine Weile, denn wir standen nebeneinander in ihrem Zimmer. Wir waren zehn, und das Zimmer war ziemlich groß, so dass wir zwischen uns locker den geforderten Corona-Mindestabstand einhalten konnten.

Nachdem sie also wieder bei mir gelandet war – ich stand ihr direkt gegenüber – wiederholte sie die Frage: „Ihr habt *was?*", und dann sagte sie, dass sie sich vielleicht verhört habe und dass ich vielleicht nicht ganz bei Trost sei und dass wir auf der Stelle zurückgehen und uns entschuldigen sollten. Und sie sagte noch viele Sätze, die ungefähr den gleichen Inhalt hatten, nur mit anderen Worten. Alle Sätze hatten jedoch die eine, verborgene Botschaft: Ich hatte es verkackt.

Und fast wäre ich schwach geworden, denn als sie zu mir sagte und mich dabei mit diesem seltsamen Blick ansah: „Benni", sagte sie zu mir, und vielleicht glitzerte in einem Auge auch eine winzige Träne, „Benni, ich bin enttäuscht von dir, ich kann dir gar nicht sagen, wie...."; da wäre ich fast schwach geworden, hätte mich tausend Mal entschuldigt, wäre, um für mein unverschämtes Verhalten Buße zu tun, auf allen Vieren in die Grünau zurück gekrochen, hätte mich dort ebenfalls tausend Mal entschuldigt, oder besser zweitausend Mal, sicher ist sicher, und der Herr Brunnwieser hätte mich vielleicht, wenn er ganz, ganz gnädig gestimmt gewesen wäre, wieder ins Team aufgenommen, ich hätte zwar nur das Ballnetz tragen dürfen oder die Schuhe sauber machen, aber ich hätte der Frau Direktor keine Schande mehr gemacht und so weiter.

Doch bevor ich schwach werden konnte, mischte sich eine dritte Person in das einseitige Gespräch zwischen mir und Frau Michelsen ein. Sie schob mich einfach zur Seite, diese andere Person, stellte sich genau vor die Direktorin, richtete sich auf und rammte die Hände in die Seite, dass ihre Ellbogen abstanden wie die Flügel bei einem zornigen Erzengel. Diese nackten Flügel, die aus einem pinken Shirt herausragten, betrachtete ich so fasziniert, dass ich so gut wie nichts von dem sehr zornigen Vortrag des Erzengels mitbekam. Nur wenn „unser Benni" vorkam, horchte ich auf, und „unser Benni" kam ziemlich oft vor, aber was es mit diesem Benni auf sich hatte, das musste ich in meiner Anbetung der Engelsflügel einfach überhört haben.

Erst als die Frau Direktorin „Na gut, Johanna!" sagte und dabei laut aufseufzte, kehrte ich aus dem Trancezustand, der gefühlt eine Stunde gedauert hatte, zurück. „Ihr macht es so, wie du es vorgeschlagen hast, Johanna. Ich verlasse mich auf dich."

Nach diesen Worten drehte sie den Kopf und sah mir direkt in die Augen. Auf mich wollte sie sich offenbar nicht mehr verlassen, sollte das wohl heißen, das kapierte sogar ich. Doch sie hatte noch eine letzte Bosheit in der Hinterhand. „Diese Männer", sagte sie und schaute wieder zu Johanna, „diese Männer sind halt einfach irgendwie..., also, viel zu impulsiv, was meinst du?"

„Hundertpro, Gis..., äh, Frau Michelsen", antwortete Johanna, alle klatschten in die Hände, also klatschte ich mit und freute mich, dass die Frau Direktor wieder bester Laune zu sein schien. Was „impulsiv" bedeutete, wusste ich nicht, jedenfalls nicht so genau, aber ich wollte mich nicht schon wieder unbeliebt machen und verzichtete darauf nachzufragen.

Drinnen, im Zimmer der Direktorin, war es sehr heiß gewesen. Draußen, vor dem leeren Schulgebäude, war es noch heißer. Wir standen unschlüssig im Schulhof herum. Denn obwohl wir seit über drei Stunden Ferien hatten, hatte irgendwie keiner Lust, nach Hause zu gehen. Ich zumindest hätte da noch jede Menge Fragen gehabt, und zwar in erster Linie an Johanna. Doch die war noch drinnen, bei ihrer neuen Busenfreundin. „Geht schon mal vor", hatte Johanna zu uns gesagt, und wir sind wie folgsame Hunde hinaus gedackelt und wussten jetzt nicht, was wir machen sollten, außer herumzustehen, uns zu Tode zu schwitzen und auf *Jo, the Boss* zu warten.

Ich hatte so ein Gefühl, dass ich eigentlich was sagen müsste. Also mich bei den anderen bedanken, zum Beispiel, dass sie mit mir weggegangen sind und sich gegen den allmächtigen Toni gestellt haben. So was in der Richtung. Aber in meinem Hals steckte ein gigantischer Kloß, den ich einfach nicht wegkriegte, weder durch energisches Schlucken noch durch verzweifeltes Räuspern. Mehr als „Äh!" brachte ich nicht raus, aber dieses krächzende „Äh" reichte schon aus, dass alle anderen zu mir herschauten.

„Äh, Leute", setzte ich noch einmal an, „äh, danke", und ich quetschte dabei die Töne gewaltsam am Kloß im Hals vorbei ins Freie, und wie auf Kommando fingen alle an gleichzeitig zu sprechen. Ganze Sätze, Satzfetzen, Worte, alles wirbelte durcheinander, aber in diesem Wirrwarr drang doch an mein Ohr, was gesagt wurde: „Ist doch selbstverständlich, Benni", hörte ich da, und „Für dich immer" und „Ehrensache" und „Ey, Mann,", und jede Menge „super, geil, Wahnsinnstor", und dabei klopften mir alle wie die Irren auf die Schultern, so dass ich husten musste, und damit war der Kloß auch plötzlich wieder weg, und wir umarmten uns, machten den *Check* und gaben uns die *Faust*, und wieder auf die Schultern, auf den Rücken – die Begeisterung wollte kein Ende nehmen, bis jemand plötzlich den Lärm übertönte.

„Na?", durchschnitt eine helle Stimme die nachmittägliche Glut, „ihr seid ja schon wieder ziemlich gut drauf, wie? Was haltet ihr vom Eisessen im *Dolce Vita* bei mir ums Eck? Ich lade euch ein."

Riesenjubel, wieder *Check* und *Faust*, es fehlte nur, dass Johanna im Triumphzug auf Schultern vom Schulhof getragen wurde.

Im Eiscafé schaute ich mir die Leute genauer an, die dem Brunnwieser Toni untreu geworden waren und mir den Vorzug gegeben hatten, wenn ich das in aller Unbescheidenheit mal so sagen darf.

Johanna, klar, die hatte sich im Tor bestimmt gelangweilt, weil sie keinen einzigen Schuss zu halten bekam. Neben ihr saß Josua, ein dünner, nervöser Typ, der pausenlos Quatsch macht und Johanna gerade mit dem Eisschirmchen kitzelte. Seine Spezialität, die Blutgrätsche, durfte er bei *Toni The Soft* wahrscheinlich nie einsetzen.

Dann Lilla, die Schwester von Karim. Sie war sicher wegen Johanna mitgegangen. Jo ist ihr großes Idol, aber Lillas Eltern sind ziemlich streng, so dass zum Beispiel eine Glatze als Frisur für Lilla nie in Frage kommen würde.

Niklas, der ein wenig abseits saß, ist einer von den Taufkirchnern, die das erste „Team *LMGU*" mit vierzehn zu sechs..., na, ihr wisst schon. Dass der sich gegen seinen eigenen Trainer entschieden hat, war echt mutig gewesen, denn jetzt war seine Karriere bei dem Verein hundertpro im Eimer.

Die kleine Fini, die eine winzige Portion Erdbeereis vor sich stehen hatte, wohnt in derselben Straße wie ich, zwei Häuser weiter. Ich glaube, sie ist in Lucas verknallt, vielleicht auch in mich, jedenfalls wird sie immer rot und sagt keinen Pieps, wenn sie mit uns zusammen zur Schule fährt.

Livio und Paolo, die Zwillinge, gehen in meine Klasse. Sie spielen zusammen mit Lucas bei Haching. Ihre Eltern haben das Restaurant im Sportpark, wo man angeblich die beste Pizza der Welt bekommt.

Und Lucas ist mein bester Freund. Lucas saß neben, er saß, äh, was war denn das? Wo *war* Lucas? Er saß neben niemandem, er saß nirgendwo. War er vielleicht von der Schule gleich nach Hause gegangen? Aber ohne sich von mir zu verabschieden? Unmöglich! Oder war er überhaupt in der Schule gewesen, bei unserem Treffen mit der Frau Direktorin?

Ich zählte alle durch, die hier herumsaßen und genüsslich riesige Eiskugeln in sich hinein schaufelten. Es waren neun, mit mir zusammen zehn. Ken und Khalid gehörten auch dazu, die hatte ich noch verges-

sen, aber kein Lucas. Ich schüttelte den Kopf. Doch sosehr ich ihn auch schüttelte, es half nichts: Lucas blieb
verschwunden. Und mein Eisbecher schmeckte mir
jetzt auch nicht mehr.

Bevor sich alle auf den Nachhauseweg machten, gab
Johanna noch das „Ferienprogramm", wie sie es nannte, bekannt. Sie stellte sich auf einen Stuhl, damit auch
Fini, die Kleinste, sie sehen konnte, und sagte: „Ey,
Kids, es wird die Hölle. Das kann ich euch versprechen." Dabei wackelte sie mit den Hüften, dass sie fast
vom Stuhl runtergeflogen wäre. „Und die Hölle, die
geht so", sprach sie weiter, nachdem sie sicherheitshalber auf den Tisch gestiegen war. „Täglich außer Sonntag Training, von siebzehn bis achtzehn Uhr dreißig.
Fünf bis halb sieben für alle, die die Zahlen über zehn
noch nicht gelernt haben. Nur wer tot ist, darf fehlen,
aber auch nur einmal! Äh, kleiner Scherz, Fini, gemeint ist natürlich *kein*mal. Das ist der Deal, den
wir..." – „*du*", rief einer dazwischen – „korrekt, Joschi",
antwortete Johanna und schaute belustigt drein –
„nenn mich nicht Joschi, Jo!" – „alles klar, *Josef*, den
ich mit Gisel.., äh, Frau Michelsen, geschlossen habe.
Ohne diesen Deal müssten *wir* zurück zu „Brunnhil-
de" und seinen Arschkriechern. Und ohne Training
haben wir gegen die Taufkirchner, mit denen „Brunni" *sein* „Team *LMGU*" jetzt auffüllt, keine Chance.

88

Ich sage nur vierzehn zu sechs, you remember? Ihr habt vorhin Beifall geklatscht, also steht jetzt gefälligst dazu! Das Entscheidungsspiel ist heute, Freitag, in drei Wochen. Brunnis so genanntes „Team *LMGU*" oder *unser* „Team *LMGU*" – es kann nur einen geben! Ach, übrigens, das Eis war eine Art Prämie im Vorhinein, von Frau Direktor Michelsen. Schönen Abend, und bis morgen um fünf am Platz hinter der Jahnschule. Pünktlich!!"

Das letzte Wort hatte Johanna ganz, ganz leise gesprochen. Dadurch klang es so bedrohlich, dass mich eine Gänsehaut überlief, die nicht mehr aufhören wollte zu kribbeln. *Das* also hatte Johanna der Frau Direktorin vorgeschlagen. Wir bekamen eine allerletzte Chance. *Ich* bekam eine allerletzte Chance, nachdem ich von Beginn an so gut wie alles vermasselt hatte: mich beim Spiel gegen Taufkirchen unmöglich aufgeführt; nicht pünktlich aus den Osterferien zurückgekommen; dem neuen Trainer kein überzeugendes Argument genannt; wochenlang krank im Bett gelegen; und die Gelegenheit, mich beim Training zu zeigen, in den Sand gesetzt. Heute, vor nicht mal sechs Stunden. Es kam mir vor wie eine halbe Ewigkeit.

Die anderen hatten sich verabschiedet. Nur Johanna stand noch am Tresen und bezahlte die Rechnung. Ich wartete draußen, im Schatten unter den Bäumen. Ich schwitzte. Mamas Jogginghose klebte an mir, als wären wir beide, die Hose und ich, unauflöslich miteinander verwachsen. Die eine Sache, die mir seit Wochen keine Ruhe ließ, die musste ich noch klären. Auch wenn mir vielleicht die Antwort nicht gefallen würde, ich musste sie wissen.

Johanna kam, sie grinste mich an. Sie fragte: „Willst du ein anderes Eis? Hat dir deins nicht geschmeckt."

„Danke, kein Eis. Nur eine..., äh, eine Frage. Und bitte, sei ehrlich."

„Nein, ich will nicht mit dir gehen. Sorry. Alles klar?"

„Das ist mir scheißegal!"

Fast hätte ich vor Wut die eisverklebten Schüsseln und Becher vom Tisch gefegt. Erschrocken hielt ich inne, und auch Johanna sah mich verwundert an.

„Äh, tut mir leid, ich stehe etwas neben mir", ruderte ich zurück, „aber die Frage ist eine andere. Ich will wissen, ob ich euch damals, vor Ostern beim Spiel gegen Taufkirchen, beschimpft und beleidigt habe oder mich sonstwie unmöglich aufgeführt habe."

„Du uns beschimpft? Wie kommst du auf so eine dämliche Idee? Du hast alle angefeuert, du warst hinten und vorne, hast überall ausgeholfen. Sogar zu Conni warst du ziemlich okay, obwohl der echt Scheiße am

Fuß hatte. Zwei Eigentore, der Wahnsinn! Du dagegen hast sechs Tore geschossen..."

„Vier...!?"

„Sechs! Es wäre einfacher gewesen, wenn du die zwei Tore von Lucas selbst reingemacht hättest. Aber du wolltest nett sein und deinem Freund eine Freude machen. So war das. Und wer etwas anderes behauptet, ist ein dreckiger Lügner."

Ich war allein. Endlich. Johanna hatte mich zum Abschied umarmt, kurz, doch ich spürte ihre warme Haut noch immer, und war dann nach Hause gegangen. Sie hatte es nicht weit. Ich stieg auf mein Kleinrad und strampelte in Richtung Sonnenuntergang. Irgendein Teil scheuerte gegen das Schutzblech. Für mich hörte es sich an wie „Lügner. Lügner. Lügner." Ein herrliches Geräusch! Anton „Toni" Brunnwieser war also ein Lügner. Warum er mir diese Lügen aufgetischt hatte, das war mir komplett egal. Für heute jedenfalls. Morgen begannen die Ferien. Und die würden, wie Johanna versprochen hatte, „die Hölle" werden. Ich freute mich drauf.

Zehn

Schweiß in Strömen

Tägliches Training, von fünf bis halb sieben. Schon der erste Tag, Samstag, begann mit einer einzigen Quälerei. Ich hatte noch immer nichts anzuziehen. Keine Schuhe, keine Hose. Dafür aber ein noch scheußlicheres Hemd als Mamas Malshirt vom Vortag. Und Johanna hatte die Frage, wer uns eigentlich trainieren sollte, um siebzehn Uhr eins entschieden: „Du bist der Trainer, Benni", hatte sie im zweiten Satz ihrer kurzen Ansprache gesagt. Der erste Satz war: „Hi, Leute!" Und der dritte Satz lautete: „Bring uns gefälligst was Gescheites bei!"

Dann folgte noch „Let's go, Team *LMGU*", und anschließend floss der Schweiß. Bei mir floss er doppelt, denn ich hatte keine Ahnung, was ich den anderen beibringen sollte. Ich musste mir spontan irgendwas ausdenken, und ich hoffte, dass es bei Johanna nicht durchfiel. Dabei flackerte mir ständig eine Zahl wie in Flammen geschrieben vor Augen: VIERZEHN. Das hieß für mich: Verteidigen üben! Es musste richtig schwierig sein, gegen uns ein Tor zu schießen. Also Räume engmachen, zwei, drei Verteidiger gegen einen Stürmer stellen, ständig den Ball attackieren. Und, wichtig, Tricks durchschauen. Von denen hatte ich einige auf Lager, und wir übten so lange, bis jeder mich mindestens einmal umgesenst hatte.

Wir würden auf „zu null" spielen, also hinten, in der Abwehr. „Die Null muss stehen!", das hatte angeblich irgendein alter Holländer mal gesagt, vor hundert Jahren oder so. Ich verkaufte den Satz jetzt als meine eigene Idee, und alle wiederholten so oft „Die Null muss stehen", dass ich irgendwann fast selbst dran glaubte. Johanna davon zu überzeugen war allerdings nicht so einfach. Sie war es vom Handballtor gewohnt, mit den Armen zu schlenkern und ab und zu die Beine hochzureißen. Bodenberührung hielt sie für unter ihrer Würde.

Darum quälte ich sie mit einer besonders gemeinen Übung: Sie musste sich hinknien und dann abwechselnd nach links und nach rechts geworfene Bälle abwehren, indem sie sich auf den Boden schmiss. Nach wenigen Minuten war sie außer Atem, aber sie machte immer weiter und tauchte in die Ecken, bis ihr pinker Pulli in schmutzigbraunes Grün getaucht war.

„Na, Johanna", fragte ich sie, als sie fix und fertig im Gras lag und in den Himmel starrte, „steht bei dir ebenfalls die Null?"

„Leck mich, du Quälix!", antwortete sie, was ich grinsend als „Ja" interpretierte.

Um jedoch zu gewinnen, müssten wir vorne, im Sturm, wenigstens *ein* Tor schießen. Das sollten wir vielleicht auch mal üben, meinte Khalid. Ich gab ihm recht, im Prinzip. Die Frage war nur, wie... Wie sollten wir die Taufkirchner Abwehr knacken? Bei Toni hatte man ja hauptsächlich Passen im Mittelfeld geübt. In die Nähe des Tors war man nur durch Zufall gekommen. Auf diese Fummelei, die nichts brachte, würden wir also verzichten. Dann blieben noch zwei Möglichkeiten übrig: schnelle Konter. Und Weitschüsse. Die wären ein gutes Mittel, denn der Torwart war ziemlich klein und stand außerdem öfter mal in der Nähe der Mittellinie, wie man das aus dem Fernsehen kennt. Unser Pech aber war, dass keiner außer mir so richtig weit schießen konnte, und sosehr wir das auch trainierten, Johanna jedenfalls lachte nur (dreckig, wie sonst) und fing die harmlosen Schüsschen mit einer Hand oder stoppte sie mit der Brust.

Okay, uns blieben noch knapp drei Wochen bis zum Spiel, ich jedoch war Benni und nicht *Jesus*. Das hieß: Wunder konnte man von mir nicht erwarten. Trotzdem waren alle nach dem ersten Training super drauf, aber auch mit ihrer Kraft am Ende. Fini ließ sich von Josua sogar nach Hause tragen, und es sah aus, als ob beide das genießen würden.

„Die Kondition wird durch unser tägliches Training schon kommen", versuchte ich mir einzureden. Denn auf eine Sache würde ich keinesfalls zurückgreifen, das war klar: auf das Laufen. Das war schon im Winter nicht so wahnsinnig gut angekommen, mit dem Herrn Eichler, im verschneiten Perlacher Forst, wo der damals noch „große" Conrad Angst gehabt hatte, in dem bisschen Schneegestöber zu erfrieren.

Ach ja, ehe ich's vergesse: Conrad von Wagenseil, den gab es ja auch noch. Conrad, die alte Schleimschnecke, war beim zweiten Training, am Montag, auf einmal da. Einfach so. Und weil Johanna, warum auch immer, ihn nicht rausschmiss, blieb er und gehörte wohl jetzt zu „uns". Als er mitkriegte, dass ich das Training leitete – ich hatte mir den ganzen Sonntag Übungen mit dem Ball ausgedacht und wie durch ein Wunder (Jesus?) klappte es mit der Zeit immer besser – jedenfalls wollte er gleich mal den Chef geben, weil er das halt so gewohnt war.

Doch Johanna machte nur: „Ssschtt!" Dem folgte ein tödlicher Blick. Das reichte. Conrad war so was von klein, dass er in ein Mauseloch gepasst hätte, wenn sich auf der Wiese eines aufgetan hätte. Dann floss wieder nur der Schweiß. In Bächen, Strömen, Ozeanen. Und natürlich übten wir wieder Weitschüsse. Und wie nicht anders zu erwarten: Johanna hatte erneut häufig Gelegenheit, ihr schönstes Lachen auszupacken. Außer zwei Mal. Ich trug nämlich inzwischen Fußballschuhe (Lilla hatte ein ausgemustertes Paar von Karim mitgebracht: zweimal getragen, dann gefiel ihm die Farbe nicht mehr – weiß!!), und so versenkte ich mit dem ersten Schuss den Ball aus zwanzig Metern, ohne dass Johanna auch nur den kleinen Finger rühren konnte. Und, Achtung, *Conrad* schoss ein Tor! Ein echtes, kein Eigentor. Der Ball wischte an Johannas ausgestreckter Hand vorbei. Nicht unhaltbar, wenn man mich gefragt hätte, denn sie war mal wieder zu faul gewesen, sich ins Eck zu werfen, aber Conrad freute sich wie ein Auto, wenn es hupt. Und auch Johanna tat so, als wäre da nichts zu machen gewesen. Sie schaute jedenfalls schnell weg, als ich den Ball holte und ihr einen ironischen Blick zuwarf (das hatte ich inzwischen ganz gut drauf). Naja, Conrad jedenfalls hängte sich anschließend rein, als wollte er es allein mit den elf Taufkirchnern aufnehmen.

Johanna erzählte mir nach dem Training, warum sie Conrad nicht weggeschickt hatte. Er war nämlich am Sonntag bei ihr aufgekreuzt und hatte sie bekniet, dass er bei uns mitmachen durfte. Sein geliebter Toni hatte ihn am Freitag eiskalt absurviert. Für ihn sei in seinem „Team *LMGU*" kein Platz mehr, hatte der „coole" Herr B. gesagt, er, Conrad, sei „zu schlecht. Punkt!" Und außerdem „eine alte Petze".

Ich dachte mir, dass beides eigentlich voll korrekt war, aber ich wollte nicht nachtragend sein und meinte nur, dass wir jetzt immerhin auch zu elft sind (ich verkniff es mir, zu sagen: „zehneinhalb") und dass sogar der Conrad eine „allerletzte Chance" verdient hätte (wie ich), laber, laber, laber...

Johanna nickte nur, es gab nicht mehr zu sagen, und für heute reichte es uns auch.

Beim Training vergoss ich Schweiß, aber es war nicht, wie Johanna verkündet hatte, „die Hölle".

Die echte *Hölle* dagegen war die Zeit zwischen neun und sechzehn Uhr dreißig. Jedenfalls in der ersten Woche.

Um acht Uhr stand ich auf. Meine Mama hatte es so vorgeschlagen, also nicht etwa befohlen oder angeordnet. Meinen Gegenvorschlag nahm sie nicht ernst, deshalb wiederhole ich ihn hier auch nicht. (Wicki jedenfalls schlief bis zehn, manchmal bis elf. *Er* hatte ja Ferien!)

Eine Stunde blieb mir für Waschen, Anziehen, Frühstück. Mit dem neunten und letzten Glockenschlag von der Sankt-Alto-Kirche her begann der Unterricht. Mit dem kleinen Unterschied, dass keiner da war, der mich unterrichtete. Das musste ich schon selber machen. Ich war der Schüler, aber auch mein Lehrer. Beide, Schüler und Lehrer, hatten null Ahnung, das tröstete mich ein wenig. Ich saß am Küchentisch. Rechts neben mir lagen die Schulbücher, links von mir die

Hefte. Vor mir ragte der Stapel mit den Notizen meiner Klasse in die Höhe. An den ersten beiden Tagen arbeitete ich einfach querbeet; was mir spontan so einfiel. Es brachte null komma nix.

Meine kluge Mama, die - Zufälle gibt's - in den zwei Ferienwochen nicht zur Arbeit musste und deswegen immer mal zu mir kam, um zu schauen, was ich so trieb und ob ich mir „was Gscheit's" beibrachte, die gute Mama hatte eine Idee: Ich solle doch einfach den Stundenplan der einzelnen Wochentage abarbeiten, meinte sie, außer natürlich unwichtige Fächer, wie Sport, Ethik oder, „äh, Kunst" (so die Mama).

Das klappte, wie durch ein Wunder (schon das zweite). Und ganz nebenbei, aber das soll keiner erfahren: Es machte immer mehr Spaß, weil ich endlich selbst etwas kapierte und nicht immer nur nachbetete, was zum Beispiel unser unfähiger Mathelehrer so vor sich hin faselte. „Vielleicht bin ich doch nicht so dumm, wie manche behaupten?", munterte ich mich auf, und dass die sich wundern würden, wenn ich plötzlich zum Klassenstreber aufsteige und mich total unbeliebt mache.

„Bloß nicht übertreiben", bremste ich mich ein, aber am Ende der beiden schweißtreibenden Wochen waren mir zwei Dinge klar: Ich würde die Prüfungen bestehen, und ich war gespannt, zum allerersten Mal, was mir demnächst im Unterricht beigebracht würde. *Was Gscheit's*, darunter machte ich es nicht mehr!

Die Prüfungen waren zunächst echt pipileicht, wie ich es vorausgesehen hatte. Manchmal hatte ich den Eindruck, als ob die Lehrkräfte das Ganze weniger ernst nahmen als ich.

Bei Herrn Gregoritsch in Englisch zum Beispiel sollte ich nur einen *Song* singen. Ich durfte ihn mir sogar selbst aussuchen, also wählte ich „All you need is love", uralt, von den *Beatles*. Er begleitete mich auf der Gitarre, sang nach einer Minute auch mit und übernahm die Spezialeffekte, die Trompete zum Beispiel. So trällerten wir zwanzig Minuten losgelöst vor uns hin (die letzten drei sangen wir nur noch „love, love, love..." bis zur Unhörbarkeit), und ich wünschte mir, dass eine gewisse Person dies hören könnte.

Zum Schluss sagte Herr Gregoritsch: „Great!" Er sprach es aus wie „Gräte". Ich dachte: Sicher dieser walisische Dialekt, von dem er immer schwärmt.

Frau Weingartner gab mir ein Blatt. Auf dem stand: *„Ey, Messi, wirst du den nächsten Elfmeter mit rechts schießen? Und mit verbundenen Augen?" Messis Antwort: „Ich werde, wenn ich weiß, wie es ist, wenn ich's tue." Aufgabe: Setze Messis Antwort in den Konjunktiv II.*

Nach zehn Sekunden war ich fertig. *Ich würde, wenn ich wüsste, wie es wäre, wenn ich's täte.*

Darauf tätschelte sie mir den Kopf und seufzte. Ich vermute mal, weil sie sich jetzt nicht mehr nur zu bücken brauchte, um mir über den Kopf zu streichen, sondern sich auf die Zehenspitzen stellen musste.

Beim Herrn Wüthrich in Mathe war es besonders lustig. Er stellte mir drei mittelschwere Aufgaben, für die ich ungefähr eine halbe Stunde brauchte. Als ich ihm den Bogen zurückgab, lachte er laut auf. „Falsch!", rief er und es klang, als wäre er total happy. „Schon die erste Aufgabe ist falsch, hihihi!"

Ich entgegnete nur: „Rechnen Sie sie doch einfach nach, dann werden Sie schon sehen", und wollte rausgehen.

Er war sofort auf hundertachtzig. „Ich habe meine Zeit nicht gestohlen, du kleiner..., äh..."

Er fing an zu stottern und schaute dann von unten zu mir hoch. Diesen Moment der Unsicherheit nutzte ich und sagte: „Oder trauen Sie sich nicht?"

Ich hatte ihn bei der Ehre gepackt. Er nahm ein Stück Kreide und fing an, die Tafel vollzukrakeln. Nach einer Viertelstunde war er fertig. „So! Das ist die richtige Lösung!" Er wirkte erleichtert und sah mich triumphierend an.

Ich zeigte ihm, wo er falsch abgebogen war, er glaubte es nicht, rechnete noch einmal, kam zu einer anderen Lösung, die aber wieder falsch war. Nach dem vierten Versuch hatte er es raus, und unsere beiden Lösungen waren endlich deckungsgleich.

Dann stritten wir eine halbe Stunde, ob ich die Aufgaben vielleicht von seinem Computer gehackt hätte oder ob mir mit Hilfe eines „kleinen Manns" im Ohr von außen die richtige Lösung diktiert worden sei. Er wollte sogar in meinen Gehörgängen herumbohren, ob sich da nicht was finden ließe (außer ein wenig Ohrenschmalz hätte er nichts gefunden), und fast hätte ich mich nackt ausziehen müssen, wenn nicht die Frau Direktorin hereingekommen wäre, weil draußen schon die nächste Lehrerin auf mich wartete.

Das war Frau Berthold-Mieselmann.

Sie wollte mit dem Ethikunterricht anfangen, wunderte sich aber, dass nur ein einziger Schüler anwesend war. „Und den kenne ich noch nicht einmal", stellte sie empört fest.

Ich versuchte ihr zu erklären, dass der Raum heute für eine „Sonderprüfung" genutzt werde und dass ich der Schüler sei, dem sie einmal, vor sehr langer Zeit, „die Flausen austreiben" wollte.

Sie glaubte mir nicht, behauptete, dass sie niemandem jemals die Flausen austreiben wollte, sie wüsste ja nicht einmal, was das bedeutete, und dass man es mit ihr ja machen könne, sie werde eh von jedem gemobbt, und dass es ihr jetzt so was von reiche und sie den Abgang machen werde, sofort, auf der Stelle, sie habe schließlich auch noch anderes zu tun, zum Beispiel ihr krankes Pferd betreuen, von dem sie, im Gegensatz zu uns undankbarem Schülervolk, gebraucht und geliebt werde: beides im Übrigen Grundbedürfnisse eines jeden Menschen, was sie bereits in ihrer Doktorarbeit „Der *Homo Ethicus* in seinem sittlich-moralischen Kontext" nachgewiesen habe, ein Standardwerk, naturgemäß, auch heute noch, zwei Jahre nach der Erstveröffentlichung...

„Äh, wo war ich stehen geblieben?", meinte sie, nachdem sie die Tränen getrocknet und ihre Brille geputzt hatte.

Ich antwortete: „Beim Homo ethicus, naturgemäß", sie sagte gerührt: „Danke, du Lieber, vortrefflich!" und dass die Aufgabe für morgen die schriftliche Zusammenfassung des soeben Gehörten sei.

Mit einem verschwörerischen Lächeln winkte sie mir zu, öffnete die Tür, schloss sie, und es trat kurzzeitig Stille ein.

Nun blieb nur noch eine Prüfung übrig. Latein. Ich sage nur *deficere*.

Dieses „Defizit", das er bei mir zu hundert Prozent anzutreffen hoffte, wollte **M**, *„en passant"*, wie er meinte (er sagt immer *„en passant"*, in jeder Stunde mindestens drei Mal), aus mir „herauskitzeln". Nicht ganz logisch, dachte ich, wie soll etwas, das nicht da ist, irgendwo rauskommen?

Ich verzichtete darauf, ihn auf diese schiefe Formulierung aufmerksam zu machen. Er würde früh genug ins Schwitzen kommen.

Banalitäten wie Kasus, Genera, Tempora rauschten vorüber, mit den Deponentia und dem *Accusativus cum Infinitivo* hielten wir uns nicht lange auf, und bei den Konjunktivformen zahlloser unregelmäßiger Verben, die ich herunterratterte wie nichts, betraten Frau Michelsen, Frau Nkunku-Weber und Frau Eva Tröstler, die stellvertretende Direktorin, den Raum. Die halbe Stunde, die man für jede Prüfung vorgesehen hatte, war längst überschritten.

Doch **M** hatte noch nicht genug. Er war schweißgebadet und hielt gerade zum dritten Mal seine Mähne unter den aufgedrehten Wasserhahn, so dass ihm die Haare wie nasser Spinat am Kopf klebten. Wortlos hielt er mir ein zerknittertes Blatt hin. Na gut, noch ein Blatt, dachte ich, und sah es mir genauer an. Ein lateinischer Text, so viel war klar. Mehr als die Hälfte der Wörter kannte ich nicht. Texte wie dieser kamen erst ab der neunten Klasse dran. Ungläubig blickte ich

M an. Er grinste. Er wollte mich fertigmachen, das war Fakt.

Noch immer die Sache mit Lolita?, fragte ich mich, für die ich schließlich nichts konnte. War er immer noch sauer, dass er meine *Defizite* damals, vor der Klasse, nicht bloßlegen durfte?

Ich drehte das Blatt in den Händen. Mal stand es auf dem Kopf, mal war es richtig herum. Der Text wurde dadurch nicht verständlicher. Ich war verloren.

Denn die Regel, die ich akzeptiert hatte, war, dass ich in allen Prüfungsfächern durchkommen musste. Ein einziges Mal versagen hieß: Nicht bestanden. Klasse wiederholen.

Ich wandte mich den drei Damen zu, die mich mit interessierten Mienen betrachteten.

Ich räusperte mich, dann legte ich los. „Das ist mir jetzt echt peinlich" log ich und wurde noch nicht einmal rot dabei, „aber ich möchte Ihnen etwas beichten. Die Wahrheit. Ich kann einfach nicht anders. Also der Text hier, den Herr Murthaler mir ausgehändigt hat, der ist mir bekannt. Ein Klassenkamerad hat ihn mir vor einigen Tagen gegeben. Mit schönem Gruß. Von wem, das hat er mir nicht verraten wollen, aber ich konnte es mir schon denken, denn es gibt an unserer Schule nur einen, der sich so für uns Schüler einsetzt. Und wer das ist, das wissen Sie bestimmt auch. Ich musste schwören, dass ich nichts verrate, aber diesen

Schwur muss ich jetzt leider brechen. Ich will eine faire Prüfung, und nichts geschenkt. Tut mir sehr leid, Herr Murthaler, Sie haben es sicher gut gemeint, wie Sie ja immer ein Herz für uns Schüler haben, das weiß ja jede noch so kleine Fünftklässlerin. Aber es wäre einfach nicht okay, das verstehen Sie doch, oder?"

Man hätte jetzt eine Stecknadel fallen hören können. Frau Tröstler erhob sich. Sie warf **M** einen vernichtenden Blick zu. „Siegmund", zischte sie, „das wird Konsequenzen haben!" Und rauschte hinaus.

Frau Nkunku-Weber wirkte erschüttert. Sie konnte nicht glauben, was sie da zu hören bekommen hatte. Kopfschüttelnd wankte sie nach draußen und musste sich dabei an der Wand festhalten.

Nur Frau Michelsen war bester Laune. „Dann ist wohl alles klar, Herr Kollege. Der Schüler hat ja bis dahin einen souveränen Eindruck gemacht, meiner unmaßgeblichen Einschätzung nach. Also Prüfung bestanden, nicht wahr?"

Vom Waschbecken her, in das **M** sich fast hineingesetzt hätte, war ein gurgelndes Geräusch zu vernehmen. Es konnte alles bedeuten: ja, nein, keinesfalls oder mit Auszeichnung. Frau Michelsen übernahm umständehalber die für sie naheliegendste Lösung.

„Glückwunsch, Benni", sagte sie und strahlte mich an. „Und jetzt ab zum Training, denn am Freitag geht es ums Ganze!"

„Jetzt lassen Sie doch mal diese alberne Pritschelei, Herr Kollege", hörte ich im Hinausgehen, aber da war ich in Gedanken schon meilenweit weg, auf der grünen Wiese, bei einem frisch gereinigten Pulli, der in grellstem Pink leuchtete.

Elf

Das Entscheidungsmatch

Der große Tag war gekommen – und mit ihm der große Regen. Noch am Morgen hatte sich die Sonne von ihrer besten Seite gezeigt. Und das hieß: 34 Grad, um neun Uhr. Die Folge war, dass der Unterricht nach der zweiten Pause für beendet erklärt wurde. Hitzefrei! Das Schulgebäude leerte sich so schnell, dass man mit dem Zählen nicht einmal bis drei gekommen wäre. Fünf Minuten später zog ein Sturm auf, und finstere Wolken jagten heran. Punkt zwölf fielen die ersten Tropfen. Um zehn nach zwölf hätte man die eigene Hand nicht mehr erkennen können, selbst wenn man sie sich direkt vors Gesicht gehalten hätte. Das Spiel war für fünfzehn Uhr angesetzt. Bis vierzehn Uhr achtundfünfzig regnete es. Dann hörte es mit einem Schlag auf. Um fünfzehn Uhr schien die Sonne – und der Platz glich einer Seenlandschaft.

Ein Pfiff, das Spiel begann. Gepflegtes Passspiel fiel ins Wasser, buchstäblich. „Wie gut, dass wir das nicht trainiert haben", dachte ich und schickte einen *FT-ler*, der an mir vorbeidribbeln wollte, per Hüftcheck in die nächste Pfütze. *FT*, so nannten wir unseren Gegner, die Taufkirchner, *Falsches Team*, während wir logischerweise das *WT* waren, das *wahre* „Team *LMGU*". Dann drosch ich den Ball einfach weit in die gegnerische Hälfte, wo er vom *FT* mühsam wieder zurückgeholt werden musste, bis er, zwei Minuten später, ein weiteres Mal in unserer Verteidigungskette hängen blieb. Unsere Abwehr bestand nämlich aus zehn Leuten. Nur Khalid, der Kleinste und Schnellste, wartete in der Nähe der Mittellinie. Vielleicht erwischte er mal einen unserer Befreiungsschläge, aber das war eigentlich nicht so wichtig. Es ging uns darum (meine Taktik, in aller Bescheidenheit), die Jungs vom *FT* zu nerven (Frau Michelsens Regel „Zwei Mädchen in der Startelf" hatte Herr Brunnwieser kurzerhand außer Kraft gesetzt), und Khalid sollte, wenn möglich, Freistöße herausholen, was nach einer Viertelstunde auch klappte.

Der Ball lag dreißig Meter vor dem Tor. Eine Mauer zu bilden, das hielten die *FT-ler* nicht für nötig. Der kleine Torwart stand irgendwo am Fünfmeterraum rum und grinste bescheuert. Ich nahm die Einladung dankend an und schoss den Ball ins Tor. Natürlich war etwas Glück dabei, weil die Kugel ungefähr am Elfmeterpunkt auftitschte und mit doppelter Geschwindigkeit hoch ins Netz rauschte. Der Regen war mein Freund, wie damals, 1954, in Bern, bei der WM, ich erinnerte mich genau: der Regen, den ein Spieler, der den ulkigen Namen Fritz trug, bestellt hatte (Kleiner Scherz! Ich hatte vor zwei Wochen einen Film gesehen, *Das Wunder von Bern*, sonst hätte ich natürlich keinen blassen Schimmer gehabt, dass man früher Regen bestellen konnte).

Dieser Fritz, der auch Walter hieß – überhaupt hatten die Jungs echt scharfe Namen: Jupp Posipal, Horst, oder Helmut, wie mein Onkel – also dieser Fritz muss ein Superstar gewesen sein, wie heute Lionel Messi. Das wusste ich auch nicht. Was ich dagegen wusste: Es stand...

Eins zu null!

Toni tobte. Wie Rumpelstilzchen hüpfte er in einer Pfütze herum, dass das Wasser seinen weißen Trainingsanzug komplett einsaute. Er schrie irgendwas, das verstand aber keiner, weil gerade vier Feuerwehrautos durch die Grünauer Allee düsten, wahrscheinlich auf der Suche nach einem Keller, der *nicht* unter Wasser stand.

Auf dem Platz in der Grünau dagegen wurden die Pfützen immer weniger, der Ball rollte nun, statt im nächsten Wasserloch zu versinken, und die Taufkirchner kamen unserem Strafraum bedrohlich näher. Und was passieren musste, das trat prompt ein: Josua kam mit seiner berüchtigten Grätsche einen Schritt zu spät.

Er traf sehr präzise, allerdings nicht den Ball, sondern er mähte ein gegnerisches Bein um. Die logische Folge: Elfmeter.

Und wer krallte sich den Ball? Mein Freund Lucas. Der hatte bis dahin kein Land gesehen, war immer wieder abgeblockt worden, zur Not von sechs oder neun Beinen. Und wenn er doch mal durch war und zum Schuss ansetzen wollte, tja, da stand ich, und das war es dann für ihn.

Lucas also wollte den Strafstoß schießen. Ein Schwall wüster Beschimpfungen prasselte auf ihn ein, als er sich dem Elfmeterpunkt näherte. „Verräter, Assi", das waren noch die harmlosesten Wörter, die er zu hören bekam. Sogar Fini machte ein wenig mit, aber die Tränen glitzerten in ihren Augenwinkeln.

Ich stellte mich zwischen Lucas und „mein" Team, breitete die Arme aus und sagte, was man halt so sagt, wenn man den Freund beschützen will, obwohl der einen verraten hat. Dass wir gewinnen wollen, aber nicht mit unfairen Mitteln, und dass wir *besser* sein wollen, nicht *gemeiner*, solche Sachen, als hätte ich bei Frau Berthold-Mieselmann im Ethikunterricht tatsächlich etwas gelernt.

Johanna meinte, dass ich recht hätte und dass sie den Elfer „locker halten" würde. „Mit links". Das genügte.

Lucas wurde feuerrot im Gesicht und suchte mit gesenktem Blick angestrengt irgendwas auf dem Punkt, wohin er den Ball dann legte.

Er nahm vier Schritte Anlauf, schoss, Johanna flog – doch leider ins falsche Eck.

Eins zu eins.

Ein Pfiff. Halbzeit.

Der Toni schrie vier Minuten durch. Was für „Mistkäfer" seine Spieler doch seien und dass sie sich alle einen neuen Verein suchen dürften, wenn sie nicht noch mindestens zehn Tore schießen würden, und dass er vor allem von Lucas enttäuscht sei, der eher für den Gegner als für die eigene Mannschaft spielen würde, und so weiter und so fort. Dann wechselte er den kleinen Torwart aus und stellte einen Jungen, der wie achtzehn aussah und zwei Meter groß war, in den Kasten. Zum Schluss, als er schon ganz heiser war, krächzte er noch „Attacke!!!!" und trank dann drei Dosen *Red Bull* leer.

Das *Falsche Team* legte los wie die Feuerwehr. Nur das „Tatü tata" fehlte, das machte aber „der Toni", der seine Stimme wiedergefunden hatte, locker wett. Fast fünf Minuten lang berührten wir keinen einzigen Ball, doch als es endlich so weit war und ich einen unge-

111

nauen Pass abfing, griff Teil zwei unserer Taktik: ein
gefühlvoller Heber über die Abwehr hinweg zu Khalid,
der blitzschnell gestartet war, den Ball elegant mit-
nahm und allein auf den Torwart zu sprintete. Der riesige Typ rannte ihm entgegen und riss seinen Mund
so weit auf, als wollte er den Ball mitsamt dem kleinen
Khalid einfach verschlingen. Doch der, typisch „coole
Socke", packte den ältesten Trick der Welt aus: die Kugel rechts am Gegner vorbeischieben und sich dann
auf der linken Seite um das Hindernis herumschlän-
geln (wie Jamal Musiala, meinte Khalid später und be-
wunderte sich selbst am allermeisten).

Der Torwart bewegte sich zunächst in Richtung Ball,
erwischte ihn nicht und bemerkte dann, dass Khalid
gerade links an ihm vorbei sauste. Er tat einen verzwei-
felten Schritt dorthin, verknotete aber seine langen
Beine und plumpste in die letzte Pfütze, die vom Un-
wetter noch übrig war. Der Ball jedoch lag da schon
längst in seinem Kasten.

Zwei zu eins!!

Khalid war anschließend zu unserem Fanclub (einziges
Mitglied: Frau Michelsen) gerannt und hatte sich die
verdienten Ovationen abgeholt. In seiner Begeisterung über das geniale Tor und weil er eben leider auch
ein *Poser* war, probierte er einen Salto vorwärts, wie

man das halt so aus dem TV kennt, rutschte aus und landete auf dem Rücken. Der tat ihm dann ziemlich weh, so dass er, also Khalid, nicht der Rücken, obwohl, der natürlich auch, dass also beide, Khalid und sein Rücken, verletzt ausgewechselt werden mussten.

Unsere Auswechselbank war allerdings leer. Einer ging raus, aber keiner kam rein. Wir hatten mit elf angefangen und mussten die restlichen zwanzig Minuten zu zehnt zu Ende bringen. Extrem dumm gelaufen!

Nun schlug die Stunde für die Farbe pink – also für Johanna. Sie hatte in den bisherigen vierzig Minuten kaum einen Ball halten müssen, jetzt stand sie im Mittelpunkt. Und sie genoss es! Sie schmiss sich in den Matsch, als würde sie mal eben in einem Wellness-Hotel ein Fangobad nehmen. Bei hohen Flanken zahlte es sich aus, dass sie einssiebzig groß war. Die Taufkirchner Zwerge konnten hüpfen, wie sie wollten – in Johannas luftige Höhen reichten sie nie und nimmer.

Doch inzwischen krochen die meisten von uns auf dem Zahnfleisch. Wir hatten uns den Angriffen entgegengeworfen und bis kurz vor Schluss kein Tor mehr gekriegt. „Noch zwei Minuten", kündigte die Schiedsrichterin gerade an, als Lucas, ausgerechnet Lucas, der sich in den Rücken der Abwehr geschlichen hatte, eine weite Flanke direkt aus der Luft nehmen konnte. Mit links, seinem starken Fuß. Wie ein Strich zischte der

Ball durch die Luft (Conradius wäre im Weg gestanden, duckte sich aber im letzten Augenblick weg) und landete, wo er zwangsläufig landen musste: im Kreuzeck.

Zwei zu zwei.

Johanna holte das Leder aus dem Netz. Zuerst schrie sie Conrad an, dann schrie sie den Ball an, als hätte der sie persönlich beleidigt. Und dann biss sie in den verdreckten Ball, den das aber nicht zu stören schien. Toni Brunnwiesers Stimme übertönte das Jubelgegröle des *FT*: „Jetzt los, schlachtet sie!", krächzte er, „sie sind reif!" Dabei grinste er.

Unsere Frau Direktorin war außer sich vor Wut: „Echt widerlich, Brunni!", tobte sie und ihre Stimme überschlug sich, „du bist entlassen, du..., du Arschloch!"

Johanna winkte ihr aus fünfzig Metern Entfernung begeistert zu und rief, als es wieder etwas leiser geworden war: „Tante Gisi, *Arschloch* sagt man nicht. Obwohl du inhaltlich völlig recht hast!"

Und während alle damit beschäftigt waren, diese ungeheuerlichen Neuigkeiten - *Tante* Gisi? Echt? - zu verdauen, holte ich mir beim Anstoß den Ball, überlief leicht die ersten Gegenspieler, wehrte die Attacke eines Verteidigers ab, ließ zwei weitere durch Körper-

114

täuschungen aussteigen, riss mich los, als sich einer an meinem Trikot festkleben wollte, übersprang das gestreckte Bein von Lucas wie auch die Sense, die er mit dem anderen Bein hinterherschickte, und drang in den Strafraum ein...

Auf einmal hörte ich etwas. Ich hörte eine Stimme. Plötzlich war sie da, laut und deutlich. Es war die Stimme des berühmten Reporters aus dem Film. „Petersen", rief der Reporter, „Petersen hat den Ball. Aus dem Hintergrund müsste Petersen schießen. Petersen schießt! Tooor! Tooor!! Tooor!!! *Drei zu zwei!* Aus! Aus! Das Spiel ist aus! Deutschland ist Weltmeister!!"

Zugegeben, wir waren natürlich nicht Deutschland, und Weltmeister waren wir auch nicht. *Noch* nicht. Aber wir hatten das Spiel gewonnen und waren somit das „Team *LMGU*." Das *einzig wahre* „Team *LMGU*". Das reichte für den Augenblick.

Wie der Tag endete? Tja, er endete jedenfalls irgendwann. Bis auf einige winzige Splitter blieb mir kaum etwas in Erinnerung.
Ich wäre zunächst fast erstickt, weil sich alle auf mich drauf schmissen. Dann wäre ich beinahe taub geworden, weil alle mir irgendwas Unverständliches ins Ohr brüllten („Benni, du bist ein Fußballgott", *das* immerhin verstand ich).

115

Vermutlich hatte ich auch etliche Rippenbrüche oder Muskelrisse, weil ich hunderte von bestimmt gut gemeinten Schlägen abbekam.

Und irgendjemand küsste mich auf den Mund. Keine Ahnung, wer.

Es schmeckte jedenfalls nach Vanille.

Zwölf

Lucas

Am nächsten Morgen kam ich spät aus dem Bett und noch später aus dem Bad, wo ich meine blauen Flecken gezählt hatte: dreiundzwanzig. Neunzehn davon am Rücken und auf den Oberarmen. Wicki saß schon am Küchentisch und schaufelte gerade eine Riesenschüssel Cornflakes in sich hinein. Sobald er mich sah, fing er mit vollem Mund an zu erzählen. Wie das Spiel gelaufen war, wer die Tore geschossen hatte, welche Schüsse Johanna gehalten hatte – jede wichtige Szene hatte er sich gemerkt. Und vor allem welche Fehler *ich* gemacht hatte, das hatte er sich besonders gut gemerkt. Fehler, die *er* natürlich *niemals* gemacht hätte. Zugegeben, es waren nicht mehr als zwei, aber von denen erzählte er so ausführlich, als gäbe es nichts Wichtigeres.

Und dann machte er mir Verbesserungsvorschläge, der kleine Besserwisser, jede Menge Verbesserungsvorschläge.

Ich begann langsam sauer zu werden, doch die Mama lachte nur und meinte, dass Wicki während des Spiels die Zuschauer auf der Tribüne prima unterhalten hatte. Ganz stolz sei er gewesen, dass Benni, „der

117

beste Spieler" dort unten auf dem Platz, *sein* großer Bruder ist, aber dass *er*, also Wicki, in Wirklichkeit noch viel besser ist als der Benni, und dass *sein* Held ein gewisser „M. Pappe" ist und nicht dieser „uralte Messi", von dem sein Bruder immer so schwärmt.

„Von wegen uralt", protestierte ich, „ihr werdet schon sehen: Messi wird nächstes Jahr Weltmeister!"

„Da lachen ja die Hühner!", meinte Wicki, hielt sein Frühstücksei in die Höhe, quetschte es und gackerte wie ein Huhn. Macht dieser Winzling sich über mich lustig?, dachte ich, antwortete „Selber Hühner!", weil mir gerade nichts Besseres einfiel, und trat Wicki unter dem Tisch ans Bein...

Als die Mama „Au!" schrie, wurde mir klar, dass ich soeben zwei Riesenfehler gemacht hatte. Der erste: An meinem zwölften Geburtstag hatte ich hoch und heilig geschworen, Wicki nie mehr zu treten. Der zweite: Die Mama, meine liebste Mama, die hatte ich überhaupt noch nicht getreten! Noch nie!

Sie verzog das Gesicht vor Schmerz und betastete die wehe Stelle. Ich lief zu ihr, umarmte sie, entschuldigte mich, entschuldigte mich noch einmal, weil sie nichts sagte, sondern nur ihr Bein anschaute.

„Mama, ich tu alles, was du willst", rief ich und meine Stimme schwankte in der Aufregung zwischen hoch und tief. „Tisch abräumen, das Geschirr spülen, in den

Schrank stellen, staubsaugen, Fenster putzen, sogar kochen, wenn es sein muss. Aber bitte, sei mir nicht böse!"

Die Mama sah mich an. Ihr Blick war verschwommen, und gleich würde sie anfangen zu weinen, das wusste ich.

Da klingelte es. Es war die Klingel unten, neben der Haustür, die mit den drei Tönen. Ding, dang, dong. Hell, mittel, dunkel. Jemand wollte etwas von uns. Ein Paket konnte es nicht sein, die Mama bestellt nichts. Jedenfalls nichts bei „diesen Gaunern", wie sie die nennt. Ich kann mir denken, wen sie damit meint, aber genau weiß ich es nicht.

„Wir sind nicht zu Hause!", rief ich in Panik, weil ich nicht wollte, dass jemand kam, bevor die Mama mich nicht wieder liebhatte. Doch Wicki war schon aufgesprungen und hatte den Öffner gedrückt.

„Vielleicht ist es ja wieder das Mädchen mit den wenigen Haaren?", rief er voller Vorfreude, denn er spürte, dass irgendwas Unschönes passiert sein musste, und wollte, dass die gute Stimmung von vorhin wieder zurückkam.

Doch die gute Stimmung kam nicht wieder. Stumm saßen wir am Tisch. Mama hielt ein Taschentuch in der Hand und sah zum Fenster hinaus. Ich schaute auf die Tischdecke, die schöne, bunte, mit den vielen Blumen, und die Blumen sahen aus wie kleine, eklige

Würmer, die auf mich zu gekrochen kamen und sich gleich in mich hineinbohren würden. Nur Wicki sah zur Tür, weil dort gleich die gute Stimmung klingeln würde, an der Klingel vor der Wohnungstür, die einfach „Drrrrringggg" machte und sonst nichts.

Nach unendlich langen zwei Minuten machte es „Drrr". Das „inggg" funktionierte manchmal nicht, weil die Klingel schon alt und verrostet war und fast nie benutzt wurde. Und noch einmal „Drrr".

„Soll ich aufmachen?", flüsterte Wicki, „oder sind wir nicht zu Hause?"

Doch die Mama war schon aufgestanden, hatte die Tür geöffnet, hatte „Grüß dich, Lucas!" gesagt und „Komm rein. Benni ist in der Küche."

Lucas trat ein, die Mama blieb draußen. Ihr Schlüsselbund rasselte, als sie ihn vom Schlüsselbrett nahm, und kurz darauf schloss sich die Wohnungstür. Meine Mutter war gegangen.

Lucas setzte sich auf den Stuhl, auf dem eben noch die Mama gesessen hatte. Er nahm sich die halbe Semmel, die sie dick mit Butter und Erdbeermarmelade beschmiert hatte, biss ein riesiges Stück ab und fing an, darauf herumzukauen. Nur sein Kauen war zu hören, sonst nichts. Plötzlich sagte Wicki: „Ey, Lucki, supergutes Tor, gestern." Dann schaute er zu mir herüber, ob ich ihn dafür hauen würde. Ich sagte nur: „Stimmt,

Wicki. Echt gut." Und nach einer kleinen Pause sagte ich: „Aber leider nicht gut genug."

Lucas bekam rote Ohren und verschluckte sich an dem riesigen Stück Marmeladesemmel in seinem Hals. Dann musste er husten, und sein ganzer Kopf wurde rot wie eine Tomate. „Wasser!", krächzte er, ich goss ihm ein Glas voll ein und er stürzte es hinunter, als wäre er am Verdursten. Darauf hustete er noch einmal, ich goss Wasser nach, und so ging es zwei, drei Mal weiter, bis er endlich ein zerknautschtes „Danke" aus sich herausquetschte und wieder Stille am Frühstückstisch eintrat.

„Ich verschlucke mich auch manchmal, wenn ich zu schnell esse", versuchte Wicki die Stimmung aufzulockern. Ich aber dachte nicht daran, es dem Verräter, der mein Freund gewesen war, leichter zu machen, und schwieg weiterhin. Warum ist er überhaupt gekommen?, dachte ich. Doch nicht, um die Semmel von meiner Mama zu essen und sich daran zu verschlucken, oder? Irgendwann würde er schon damit herausrücken, wenn seine Stimme wieder da ist.

Und dann rückte er damit heraus, der Lucas. Dass „dieser Brunnwieser" („der Toni" war Vergangenheit) ihm, und nur ihm, die Schuld an der Niederlage gegeben hat, weil er mich vor dem dritten Tor nicht gefoult hatte; dass für „so ein Weichei" im Taufkirchner „Superteam" kein Platz ist und er wieder zu seiner

121

„Gurkentruppe" zurückkehren kann; dass er, der Toni Brunnwieser, sich in ihm, dem Lucas, schwer getäuscht hat und „solche Loser" es eh zu nichts bringen würden; dass diese ganze „Team *LMGU*"- Geschichte nur die Schnapsidee dieser „überehrgeizigen, bekloppten Chefin" gewesen ist und eine einzige Lachnummer noch dazu...

Und dass er, der Lucas, einfach mal fragen wollte, ob er wieder bei uns, im „Team *LMGU*", mitspielen dürfe, auf welchem Posten auch immer, sogar als Ersatzspieler, wo er doch „so ein Versager" ist...

Jetzt fängt er gleich an zu heulen, dachte ich und hatte recht. Ich fand es peinlich, doch Wicki, der edle Knabe, näherte sich Lucas, der hemmungslos vor sich hin schluchzte, und fuhr ihm über den Rücken. Es sollte wohl so etwas Ähnliches wie Streicheln sein, aber es musste sich anfühlen, als ob ein Pferd gestriegelt würde.

Prompt rief Lucas: „Au, Wicki, nicht so fest, ich bin doch kein Ackergaul!"

Da fing Wicki an zu kichern: „Hihi, Lucki ist ein alter Gaul!", und dabei wieherte er so echt, dass Lucas und ich auch lachen mussten und gar nicht mehr aufhören konnten zu lachen, weil Wicki inzwischen durch die Küche galoppierte, über Stühle und andere Hindernisse hinweg hüpfte und drauflos wieherte, als ob eine ganze Herde wilder Pferde durch unsere Küche donnern würde.

Wicki galoppierte dann weiter in sein Zimmer, das auch mein Zimmer ist, und ließ uns, Lucas und mich, allein in der Küche zurück. War nun alles wieder gut zwischen uns? Ich war mir da nicht so sicher, und auch Lucas schaute mich zweifelnd an. Also stellte ich die zwei Fragen, die gestellt werden mussten: „Wieso bist du damals bei Brunnwieser geblieben?" Und: „Warum hast du mich im Stich gelassen?"

Lucas ließ sich Zeit mit einer Antwort. Erst aß er die Semmel auf, wischte sich die Hände und den Mund mit Mamas Serviette ab und dann, dann legte er los: „Ich hatte einfach keine Lust mehr, immer die Nummer zwei zu sein, hinter dir. Das hat schon vor zwei Jahren angefangen, als du plötzlich Lionel Messi für dich entdeckt hast. Messi war *mein* Held gewesen, du erinnerst dich? Er war klein, ich war klein. Er hatte einen sagenhaften linken Fuß, und auch ich war mit links besser als mit rechts. Du hattest Ronaldo als Helden, und meiner war Messi. Und plötzlich bist du umgeschwenkt auf Messi. Und ab da war keiner außer dir würdig, Messi zu verehren. Du warst der *aller*größte Fan, über dir durfte kein anderer stehen. Und nur *du* konntest dich mit ihm vergleichen: Ball mitnehmen wie Messi. Sich um den Gegner herumdrehen wie Messi. Aus dem Fußgelenk schießen wie Messi. All das konntest nur *du*. Alle anderen, und sogar ich, dein angeblich bester Freund, wir würden so etwas niemals fertigbringen. Nie im Leben!

Und wie du damit angegeben hast, als Messi dir einmal ein Autogramm geschickt hat. Dabei war das gar nicht seine Unterschrift, ich wusste das, denn ich *hatte* ja ein echtes Autogramm. Das mein Papa mir aus Barcelona mitgebracht hatte, mit Selfie und Gruß. Auf Spanisch! Davon wolltest du aber nichts wissen. Noch nicht einmal zeigen durfte ich es dir, du wärst sonst glatt vor Neid zerplatzt."

Lucas schwieg, schenkte sich Wasser ein, trank das Glas aus, stellte es mit zitternder Hand auf den Tisch und sprach weiter: "Dann die Sache mit dem „Team *LMGU*". Du hast natürlich keinen Schimmer, dass die Frau Michelsen mich als Ersten gefragt hatte, oder? Das war letztes Jahr, irgendwann im Oktober. Meine Mutter und sie sind Freundinnen, und deshalb wusste sie, dass ich ein Fan von Messi bin. Ich habe damals gleich dich gefragt, ob du Lust hättest, mit mir zusammen in einer Schulmannschaft zu spielen. Deine Antwort: „Mit so ´nem Kinderkram gebe ich mich nicht ab." Darauf habe ich der Frau Direktor gesagt, dass das mit dem „Team *LMGU*" keine gute Idee ist, und sie war sauer – auf wen? Auf mich, natürlich. Weil ich ihr abgesagt hatte.

Und auf einmal, ein paar Wochen später, war diese Idee plötzlich „super". Und *du* warst der Größte. Weil *du* die Idee gut gefunden hast. Und ich durfte, weil *du* dich für mich eingesetzt hast, auch mitmachen. Dafür sollte ich dir vermutlich ewig dankbar sein.

Meine einzige Chance, mal etwas ohne dich auf die Beine zu stellen, war der Brunnwieser. Er findet mich super, hat er mir nach dem ersten Spiel gegen die Taufkirchner gesagt. Und da du ja inzwischen krank geworden warst, würde ich in *seinem* „Team *LMGU*" die Hauptrolle spielen. Ich war glücklich. Endlich war *ich* mal etwas wert. Tja. Und, um es kurz zu machen – ich sehe, ich langweile dich schon – dann hattest du deinen großen Auftritt: *„Brunnbiesler, du bist ein Arschloch!"* Großes Kino! Und wieder drehte sich alles nur um dich. Ich war und blieb der Zweite. Der Ersatz. Bestenfalls. Und darauf habe ich keinen Bock mehr. Tschau, und danke für die Semmel."

Endlich war er weg. Ich war bedient. Und keine Mama, die mich tröstete, mich in den Arm nahm, mir sagte, dass sie mich liebhat, obwohl ich doch so ein schlechter Mensch bin, den eigentlich niemand mögen kann. Was sie jetzt wohl machte? Wahrscheinlich traf sie sich mit einer Freundin, saß im Café, aß Kuchen und beklagte sich über mich. Dass ich immer nur an mich denke, und niemals an sie. Und das stimmte sogar. Ob die Mama Sorgen hatte oder ob ihr etwas wehtat oder was sie sich wünschte und wieso ihre Wünsche nie in Erfüllung gingen, darüber machte ich mir keine Gedanken. Für mich gab es immer nur mich. Und wehe, die Mama hatte mal irgendwas vergessen oder sie kam nicht sofort, wenn ich sie rief, oder verlangte von mir, den Müll runterzutragen, wenn ich gerade Fußball spielte oder schaute oder Fußballer zeichnete.

Dann konnte er ganz, ganz schnell mal böse werden, der *liebe* Benni, und sich beleidigt aufs Sofa werfen und sich bedauern, weil die Welt so gemein zu ihm ist und weil er keine Eltern hat, die ihm jeden Wunsch erfüllen, zum Beispiel die neuen X Speedportal Schuhe von Adidas kaufen, natürlich die für 150 Euro.

Und so ging es noch eine ganze Weile weiter. Doch als ich keine Lust mehr hatte, mich selbst fertigzumachen, blieb ich vor dem Spiegel, der an der Wohnungstür angebracht ist, stehen und sah mich an. Der Typ, der mir entgegenstarrte, war mir nicht sympathisch. Ein richtiger Kotzbrocken. Also konnte ich ihn auch beleidigen und sagte zu ihm: „Du bist so ein Idiot, Benjamin Petersen!"

Peng! Das hatte gesessen. Nun fühlte ich mich leichter und beschloss, in den Sportpark zu gehen und die Enten zu füttern. Oder sie mit Steinen zu bewerfen, wenn sie mir auf den Keks gingen. An meine Mutter würde ich nicht mehr denken. Wenn sie zurückkam und mich nicht antraf, würde sie vielleicht ein schlechtes Gewissen kriegen und mich suchen gehen. Ich würde ihr natürlich verzeihen, aber nur, wenn sie mir nicht mehr böse war.

Vier Stunden später schloss ich die Wohnungstür auf. Ich rief: „Bin wieder da!" Keine Antwort. „Hallo, wo seid ihr?", versuchte ich es noch einmal. „Hat mich denn keiner vermisst?" Stille. Ich ging in die Küche. Die Frühstücksachen waren weggeräumt, und auf dem Tisch lag ein Zettel. Irgendwas war draufgekritzelt, in einer Schrift, die mir völlig unbekannt war. Mühsam entzifferte ich Wort für Wort, und als ich es geschafft hatte, verstand ich zuerst mal nicht, was da stand. Aber eine Sekunde später wurde mir so schlecht, dass ich fast ohnmächtig geworden wäre. Denn auf dem Zettel, der mir aus der Hand geglitten war, stand: *Deine Mama hatte einen Unfall. Wicki und ich, wir sind im Krankenhaus. Ich melde mich, wenn ich mehr weiß: Tante Britta.*

Dreizehn

Finstere Nacht und heller Tag

Du bist schuld...du bist schuld...du bist schuld...

In der Nacht tat ich kein Auge zu. Ständig hämmerte mir irgendwer diesen Satz ins Gehirn, und ich musste ihm recht geben. Hätte ich Mama nicht getreten, wäre sie nicht weggegangen. Wäre sie nicht weggegangen, sondern zu Hause geblieben, hätte sie keinen Unfall gehabt. Tante Britta hatte sich nicht mehr gemeldet, sondern war um acht Uhr abends mit Wicki nach Hause gekommen.

„Morgen wissen wir mehr", hatte ihr eine Ärztin mit auf den Heimweg gegeben, sonst hatten sie nichts erfahren.

Und wenn meine Mama tot ist? Diese Frage hatte den „*Du bist schuld*"-Satz irgendwann in der unheimlichen Nacht verdrängt. Ab da war an Schlafen erst recht nicht mehr zu denken. Warum Tante Britta jetzt bei uns war, verstand ich auch nicht. Aber ich war froh, dass sie da war, denn allein mit Wicki, ohne Mama, das hätte ich nicht hingekriegt. Wicki schlief. Schlecht, das konnte ich hören, denn er redete die ganze Zeit und warf sich im Bett von einer Seite auf die andere und wieder zurück. Er schwitzte, sein Kopfkissen war

128

klatschnass. Ich schwitzte auch. Trotzdem war mir kalt. Eiskalt. Sogar unter zwei dicken Decken wurde mir nicht warm.

Ich stand auf und ging in die Küche. Dort brannte Licht. Tante Britta saß am Tisch und telefonierte. Ich setzte mich zu ihr und lehnte meinen Kopf an ihren Arm. Der war wunderbar warm. Sie sagte, dass sie eine Woche bei uns bleiben könne, Helmut, also der *Onkel* Helmut, sei einverstanden. Und dass sie nach dem Anruf in zwei Stunden von Würzburg nach München gebrettert sei, aber vielleicht träumte ich das auch nur, denn an ihrem Arm war es so kuschelig, dass ich auf der Stelle einschlief.

Als ich am nächsten Morgen aufwachte, lag ich in meinem Bett. Wicki war schon aufgestanden. Sein Bett war abgezogen, und auf der Matratze war ein nasser Fleck. Kein schöner Anblick, um ehrlich zu sein. Wicki saß beim Frühstück, er war allein. Er hatte sich selbst etwas zu essen gesucht: Cornflakes, Milch, eine Banane – und eine große Tüte *Smarties, XXL*.

„Tante Britta ist zum Krankenhaus gefahren", sagte er und goss sich ein Glas Milch ein. Die Hälfte ging daneben, weil seine Hand so zitterte. Ich zitterte auch. Mir wurde schon wieder kalt, Tante Britta hätte mich ruhig wecken können.

„Ach ja", brachte Wicki zwischen den Cornflakes in seinem Mund hervor, „da liegt ein Zettel von Tante Britta. In einer fremden Sprache."

Der Zettel lag in einer Milchpfütze. Es standen nur vier Wörter drauf. Die Buchstaben begannen schon sich aufzulösen. Da ich die Schrift kannte, schaffte ich es dieses Mal in zehn Minuten, die Wörter zu entziffern. Und wie am Abend zuvor kapierte ich zuerst mal nichts. Dann aber warf ich den Zettel in die Luft und tanzte in der Küche herum, schaufelte mir eine Handvoll *Smarties* in den Mund und schrie: „Mama kommt nach Hause!"

Und als ob man mich bis auf die Straße gehört hätte, drang von unten wie eine Antwort ein lautes Gehupe zu uns hoch, wir öffneten das Fenster und sahen, dass die Mama gerade aus dem Auto stieg, etwas wacklig, und zu uns heraufschaute. Ihr Kopf war mit einem weißen Verband dick umwickelt. Sie winkte uns zu. Also war der Rest von ihr ganz okay? Ich hoffte es so sehr...

Wir warteten nicht ab, bis der Lift kam, sondern rannten die Treppe hinunter, um die Mama zu drücken, Tante Britta zu drücken und uns gegenseitig zu drücken, und rannten wieder hoch, weil nur zwei Personen in den Lift passten, und kamen sogar noch früher an als der Lift, und dann drückten wir die Mama wieder und wieder, bis ich merkte, dass die Wohnungstür zugefallen war und ich keinen Schlüssel mitgenommen hatte.

„Verdammter Mist!", rief ich, aber die Mama meinte nur: „Du könntest zur Abwechslung ja mal die *Tür* eintreten, mein Großer", und als ich vermutlich dunkelrot anlief, weil ich mich so schämte, zog sie ihren Schlüsselbund aus der Tasche, reichte ihn mir und sagte: „Aber lieber wäre es mir, wenn du ganz normal aufschließen würdest, denn getreten wird ab heute nur der Ball, und sonst nix! Verstanden?"

Ich hatte verstanden und wollte schon anfangen, sämtliche Schwüre und Eide dieser Welt herzubeten, doch die Mama hob die Hand, ganz zittrig war sie, die Hand, und Mama schaffte es gerade noch, die Tür zu unserem Zimmer zu öffnen und sich in mein Bett zu legen. Sie sagte: „Schonen Sie sich! Das hat die Ärztin mir dringend angeraten. Kann ich? Darf ich?" Ich antwortete: „Ja! Ja!! Schone dich, bis morgen, nein, übermorgen, solange du willst", und Wicki krähte hinterher: „Bis Weihnachten!" Mama lächelte, sie schloss die Augen, wir die Tür, und auf Zehenspitzen schlichen wir in die Küche.

Wir setzten uns an den Tisch, Tante Britta gähnte und begann: „Gestern um drei läutete mein Telefon. Festnetz! Ausnahmsweise war ich mal im Haus. Irgendein nervöser Fuzzi stotterte rum, ich dachte: Strombieter oder ein Millionenerbe in Nigeria, sagte: „Leck

131

mich!" und wollte auflegen. Er aber schrie: „Frau Petersen!", ich dachte, jetzt erzählt er gleich was von Unfall und so und dass ich hunderttausend Euro zahlen soll, damit meine kleine Schwester freikommt, und tatsächlich erzählt er was von einem Unfall und dass er von der Polizei ist und meine Nummer in Nickis Geldbeutel gefunden hat, mit der Anweisung: *Bei Unfall zu verständigen,* und dass ich sofort kommen soll, weil vielleicht schwere Verletzungen und Krankenhaus Harlaching und sonst niemand erreichbar.

Ich rufe Nicki an, Mailbox, dann rufe ich hier an, Wicki sagt, die Mama ist fort und der Benni auch. Ich also ins Auto, permanent auf der Überholspur, dreihundert Kilometer in zwei Stunden, Respekt, Britta, alte Rennsemmel, denke ich, und noch immer kein Benni zu Hause, und ein Smartphone besitzt der bedauernswerte Knabe ja auch nicht. Schnapp mir also den Wicki, wir zum Krankenhaus, dürfen natürlich nicht rein, wegen Corona, warten stundenlang, bis endlich eine Ärztin zum Eingang kommt und sagt: „Ihre Schwester liegt noch im Koma."

Schlaflose Nacht, dann um acht eine SMS: „Frau Petersen will nach Hause. Holen Sie sie ab?" Und da sind wir. So. Mehr weiß ich auch nicht. Ich bin todmüde, Jungs, ich leg mich in Wickis Bett, okay?"

„Aber das ist ganz nass", warf ich ein, doch Tante Britta lachte nur: „Davon werde ich nicht gleich sterben, oder? Macht keinen Quatsch, ihr zwei, ich verlasse mich auf euch. Und kauft irgendwas zu essen ein, an der Tanke! Geld liegt am Tisch. Gute Nacht."

Ich merkte, dass ich lachte, und auch Wicki kicherte dümmlich vor sich hin. Lachten wir jetzt, weil Tante Britta so toll erzählt hatte, obwohl ich nicht alles kapiert hatte - Nigeria? Hunderttausend Euro? - oder weil wir einfach nur glücklich waren? Wahrscheinlich beides, dachte ich, schnappte mir die Schachtel mit den Cornflakes, füllte die größte Schüssel, die ich im Schrank finden konnte, goss Milch darüber und den Rest aus der *Smarties*-Tüte. Mein Sonntagsfrühstück. So gut hatte es mir lange nicht mehr geschmeckt. Draußen schien die Sonne. Hätte ich einen Aufsatz schreiben müssen, hätte ich gesagt: *Die Sonne lachte zum Fenster herein.* Dann wäre auch Frau Weingartner glücklich gewesen und hätte mir die Haare zerwuschelt, aber so schien die Sonne einfach und trotzdem war alles gut.

Nach dieser schrecklichen Nacht war der Tag strahlend hell, und das Leben war wieder schön.

Vierzehn

Eine Woche wie im Flug

Mama schlief drei Tage und drei Nächte durch. Tante Britta wachte am Montag kurz nach sieben auf, schickte uns mit riesigen Pausenbroten und feuchten Küssen in die Schule und empfing uns am frühen Nachmittag mit Schnitzel und Pommes. Ich aß drei Schnitzel, Wicki vier. Dann war ihm schlecht, aber er behielt alles bei sich.

Im Unterricht passierten lauter merkwürdige Dinge. Frau Nkunku-Weber hielt mich nach der ersten Stunde, als ich zum Biosaal runtergehen wollte, zurück. Sie holte ihr Smartphone aus der Tasche und zeigte mir ein Video, in dem ein Mann mit breitem Lachen Folgendes sagte: „Hi, Benni, tü ä süpär. Dü komm su RB? Isch misch freun. Tschau!"

Ich machte „Ähhh?" und sah Frau Nkunku-Weber fragend an.

„Mein kleiner Bruder Chris. Dem habe ich ein paar Szenen von eurem Spiel geschickt. Er ist ja bei Leipzig. Aber das weißt du bestimmt."

„Der berühmte Christopher Nkunku ist Ihr...?"

„...Bruder. Korrekt. Und mit zwölf war er echt ziemlich gut, aber längst nicht so gut wie du. Mal abgesehen davon, dass er ein ziemliches..., du weißt schon was, war."

Ich wollte gerade antworten, dass auch ich ein ziemliches... bin oder wenigstens manchmal sein kann, aber da war Frau Nkunku-Weber schon in einer Schülertraube verschwunden.

In Latein wurde die Wörterabfrage komplett gestrichen. Es wurde auch niemand an die Tafel geholt, im Gegenteil. Herr Murthaler, genannt **M**, verließ seine Sicherheitszone rund um das Pult, setzte sich auf den freien Stuhl neben Johanna, grinste sie an und sagte: „Eine Frau im Tor ist besser als ein Tor in der Frau." Über diesen angeblichen Scherz freute er sich wie ein kleines Kind. Dann sagte er: „Torfrauen kannte übrigens schon der Lateiner. *Feminae portales,* so sagen die einen, *Stultae feminae* die anderen."

Diese „Übersetzungen" fand er so witzig, dass er sich halbtot lachte. Als krönenden Höhepunkt servierte er uns schließlich noch die lateinische Bedeutung von „Triebwagen", was für ein Ding auch immer das sein sollte. „Currus sexualis!", rief er und wiederholte den Ausdruck noch drei Mal, weil nur Conrad gelacht hatte. Aber der lacht ja bei allem, was auf drei Kilometer Entfernung mit Sex zu tun hat.

Frau Mieselmann-Berthold wiederum war total begeistert vom *Team*-Geist. Dass man als Gemeinschaft Berge versetzen kann, habe ihr besonders gefallen, sagte sie. Und dass dies eine Seltenheit sei, heutzutage, wo jeder nur an sich selbst denkt. Und irgendwas mit David und Goliath sagte sie auch noch und schaute dabei ausgerechnet Lucas ganz hingerissen an. Ich hatte zwar keine Ahnung, wer die beiden Typen sind und was vor allem Lucas mit denen zu tun haben sollte, dessen zweiter Vorname weder David noch Goliath, sondern Heinzi ist, aber Frau Mieselmann-Berthold war so ergriffen, dass sie sich ständig die Nase putzen musste und auch ein paar Tränen wegwischte. Und ganz zum Schluss meinte sie noch, dass sie mich kennt, aber nicht weiß, woher. Da war ich beruhigt, denn das war fast wieder normal.

Natürlich durfte auch Frau Michelsen, seit neuestem „Tante Gisi", nicht fehlen. Sie hielt über Lautsprecher eine Lobrede auf das *wahre* „Team *LMGU*", wodurch in der letzten Viertelstunde der komplette Unterricht lahmgelegt wurde. Dass wir „Ehre eingelegt" hätten für unsere Schule, sagte sie, dass sie stolz auf uns sei, dass es nach der sechsten Stunde *Hitzefrei* gebe und dass schon am nächsten Freitag ein weiteres Spiel stattfinden würde: gegen die Schulmannschaft von Oberhaching.

Nach der Rede ertönte die Hymne der Champions League, geschlagene zehn Minuten, dann war Schluss. Hitzefrei fiel für uns aus, weil wir eh keinen Nachmittagsunterricht hatten, und ich fuhr so schnell wie möglich nach Hause, bevor Lucas, mit dem ich den ganzen Vormittag kein Wort gewechselt hatte, mir auflauern konnte.

Mama schlief, aber das habe ich ja schon gesagt. Und nach der Schnitzelschlacht legte auch Tante Britta ihr „kleines Mittagsschläfchen" ein. Das dauerte bis halb acht. In der Zwischenzeit hatte ich nichts Besseres vor, als Fußball zu spielen. Johanna rief drei Mal an, um mich daran zu erinnern, dass heute Training war. Und zwar immer genau dann, wenn ich gerade ein Riesenstück Schnitzel in den Mund schieben wollte. Wir dürften uns jetzt nicht auf unserem Erfolg ausruhen, meinte sie. Ich meinte nichts, denn ich hatte ja den Mund voll. Aber Johanna braucht beim Telefonieren keinen Gesprächspartner, jedenfalls keinen, der auch mal was sagen möchte.

Wicki nervte dann, als es auf fünf Uhr zu ging. Er wollte mitkommen. Weil ich eh schon zu spät dran war und keine Zeit für anstrengende Diskussionen hatte, durfte er.

Große Überraschung für die anderen – für mich dagegen nicht: Lucas trieb sich am Platz rum und tat so, als würde er nur mal schnell überprüfen, ob auch die Kreidelinien gerade gezogen waren. Conrad entdeckte ihn und drohte ihm Schläge an, wenn er sich nicht auf der Stelle verziehen würde. Auch die anderen sahen nicht so aus, als würden sie Lucas wieder mit offenen Armen empfangen, naja, Fini vielleicht schon. Doch vorsichtshalber warteten alle erst mal ab, was Johanna sagen würde. Die sagte nichts, was ungewöhnlich und außerdem ein Fehler war. Denn in diese zwei bis vier Sekunden Stille platzte ausgerechnet mein kleiner Bruder. Er schmiss sein Rad auf die Laufbahn, rief: „Hey, Lucki, du bist der *King*", rannte auf Lucas zu, umarmte ihn stürmisch, drehte sich zu uns um und sagte: „Ohne Lucki seid ihr bloß ein Misthaufen." Dann lachte er, wie er immer lacht, wenn er mich mal wieder reingelegt hat, so wie jetzt.

Ich lachte nicht. Sonst auch keiner. Bis Johanna anfing zu kichern. Sie kriegte sich gar nicht mehr ein vor lauter Gekicher. Sie kniete sich zu Wicki runter, zog ihn an der Nase, knuddelte ihn und gab ihm zum Abschluss einen fetten Schmatz auf die Backe, den er angewidert mit dem Handrücken abwischte.

Der „King" war spätestens jetzt nicht mehr Lucas, sondern eindeutig der freche Wicki.

Und was soll ich sagen? Mein kleiner Bruder hatte natürlich recht. Mit Lucas sah das Ganze schon nach richtigem Fußballspiel aus. Und alle, also fast alle, waren schwer beeindruckt, als er Conrad auf einer Fläche, die echt nicht größer war als ein Bierdeckel, dreimal innerhalb von zehn Sekunden nach allen Regeln der Kunst vernaschte.

Conrad jedenfalls war bedient.

Nach dem Training ging ich zu Lucas und sagte nur: „Messi wäre heute neidisch auf dich gewesen." Und mein Freund strahlte.

Am Mittwoch um 14 Uhr 37 wachte Mama auf und hatte Hunger. Tante Britta war gerade einkaufen, also stellte ich mich an den Herd und machte Rühreier. „Vier", hatte Mama mit der rechten Hand angezeigt, indem sie den Daumen einklappte, und war dann wieder aufs Kissen zurückgesunken. Zu den Eiern gab es Toast. Drei Scheiben waren noch da. Ich rieb etwas Parmesan über die Eier, weil die Mama das auch immer so macht. Zum Schluss klappte ich die Masse zu einem Omelett zusammen, hob es vorsichtig aus der Pfanne und ließ es auf einen Teller gleiten.

„Das ist das beste Omelett, das ich je gegessen habe", meinte Mama. Sie breitete ihre Arme aus, ich warf mich hinein, wie früher ins IKEA-Bälleparadies, sie flüsterte mir etwas ins Ohr, wovon ich nur „nie wieder" verstand. *Nie wieder!* Ich versprach es ihr. Und dann fing ich an zu weinen. So richtig, mit Schniefen und Schluchzen, aber ich glaube, ich weinte vor Glück und weil ich erleichtert war und weil ich meine Mama wiederhatte.

Als ich meine Tränen abgewischt hatte, und etwas peinlich war es mir auch, schließlich bin ich ja kein Baby mehr, erzählte Mama mir die Geschichte von dem Unfall. Sie war sehr kurz, die Geschichte. Sie sei wie eine Bekloppte mit dem Rad durch die Gegend gefahren, sagte sie, den halben Perlacher Forst habe sie neu entdeckt und sich fünfmal verirrt. In Harlaching, in der Säbener Straße, habe sie plötzlich ein lautes Geräusch gehört – und dann nichts mehr.

Wach geworden sei sie in einem Bett, das sehr hoch war und komisch roch. Ein Mann mit Maske habe irgend etwas zu ihr gesagt, sie habe genickt und sei wieder eingeschlafen. Beim nächsten Wachwerden habe sie gesagt: „Ich will nach Hause. Sofort." Und nach einer Stunde sei Britta vor ihr gestanden, *Britta*, ein Wunder, hatte sie da gedacht. Und kurze Zeit später seien sie tatsächlich zu Hause gewesen.

„Welchen Tag haben wir eigentlich?", fragte sie plötzlich.

Ich antwortete: „Mittwoch."

Sie: „Oh Gott!"

Ich: „Und du liegst in meinem Bett."

Sie: „Ogottogott."

Ich: „Und Tante Britta schläft in Wickis Bett."

Sie: „Tante Britta ist noch da?"

Ich: „Beim Einkaufen. Mit Wicki. Ich habe auf dich aufgepasst."

Und schon war wieder Freitag. Meine Mama hatte sich wie durch ein Wunder nichts gebrochen. Nur eine Gehirnerschütterung hatte sie abgekriegt. Ein Mann in einem Porsche Cabrio hatte sie über den Haufen gefahren. Statt sich zu verdrücken, was er eigentlich tun wollte, musste er anhalten, weil sich ihm viele andere Leute in den Weg stellten. Der Porschefahrer hatte auf sein Smartphone geschaut und nicht auf eine traurige Radfahrerin geachtet, die still vor sich hin weinte. Das erzählte mir die Mama noch, das mit dem Weinen. Den Rest hat Tante Britta rausgekriegt, bei der Polizei, im Krankenhaus und aus der Presse. Der Fahrer stand nämlich am Montag nach dem Unfall in der BILD-Zeitung. Auf der ersten Seite, mit Foto vom Auto. *FCB-Star schrottet nagelneuen Porsche.* Das war die Überschrift. Dass der „Star" die Mama hätte totfahren können, war der Zeitung nicht so wichtig gewesen. Den Namen hatten sie weggelassen, aber jeder wusste, wer gemeint war. Es gibt nur *einen* Spieler, der so eine „prollige Karre" (Tante Brittas Urteil) fährt. Bisher mochte ich den eigentlich ganz gern, aber jetzt hasste ich ihn.

Und nun war also Freitag. Das habe ich schon erwähnt. An diesem Freitag fand das Spiel statt. 15 Uhr. Grünauer Allee. Wie immer. Aber mit einem kleinen Unterschied: Wir trugen unsere neuen Trikots – längs gestreift in himmelblau und weiß, die Farben von Messis Nationaltrikot, mit Rückennummer und Vornamen. Dazu weiße Hosen. Es sah endedel aus.

Dieses Mal ging es also gegen die Schulmannschaft vom Gymnasium Oberhaching, wie Frau Michelsen es uns am Montag verkündet hatte. Alle zweiundzwanzig Mitwirkenden hatten sich pünktlich eingefunden, elf ziemlich große, und elf nicht so große. Das waren wir. Dass die Schulmannschaft von Oberhaching aus lauter Sechzehn- und Siebzehnjährigen bestand, das hatte unsere gute Tante Gisi nicht auf dem Schirm gehabt.

Wir vom „Team *LMGU*" schauten uns an und fingen an zu lachen. Die Oberhachinger lachten ebenfalls, vermutlich vor Glück, weil sie glaubten, uns im Schongang erledigen zu können. Nur eine lachte nicht: die Frau Direktorin. Sie konnte nicht fassen, was sich da vor ihren Augen abspielte. Denn die beiden Mannschaften stellten sich auf, die Großen rechts, die Kleinen links. Wie *Groß gegen Klein* im Fernsehen, dachte ich.

Johanna, unsere Spielführerin, gab schon mal vor, wie sie sich die Sache vorgestellt hatte: Sie quetschte ihrem Oberhachinger Kollegen die Hand, dass der sie wütend anfunkelte und „Auuuu!!" schrie.

142

Der Schiedsrichter, ein nervöser Typ mit vielen Pickeln, dem ständig die Pfeife runterfiel, pfiff das Spiel an, und nach einer Stunde hatten wir sieben zu vier gewonnen. Lucas hatte zwei Mal getroffen, und Conrad von Wagenseil durfte sich ebenfalls freuen: nur *ein* Eigentor, dafür aber auch ein richtiges, das für und nicht gegen uns zählte. Den Rest steuerte ich bei. Irgendwie fanden das alle ganz selbstverständlich, bis auf Tante Britta. Die war völlig aus dem Häuschen. Sie überschüttete mich mit Kommentaren, in denen mindestens zehn Mal das Wort *super* vorkam. Dazwischen begoss sie mich auch mit Kaffee aus einem XXL-Becher, weil sie mit ihren Händen so rumfuchtelte. Und als sie schließlich sagte: „Los, ihr zwei, wir fahren nach Hause zu Nicki und erzählen ihr alles", da kam ein Mann auf uns zu, nannte seinen Namen, irgendwas, das wie *Bro Ansgar* klang, gab uns die Hand, erwähnte so nebenbei, dass er als *Scout* beim *FC Bayern* arbeiten würde, überreichte Tante Britta eine Karte, vorne weiß, hinten rot, und sagte, bevor er sich wieder mit einem gepflegten „Servas!" verabschiedete: „Benjamin, du host doch sicher Lust, bei uns amol mitzudräniern, oder? Morgen Nochmiddog um drei, im Campus."

Fünfzehn

Entscheidungen

Ich lag stundenlang wach. „Morgen Nachmittag im Campus", diese vier Worte fuhren in meinem Kopf Karussell, so dass ich mehrmals in der Nacht aufstehen musste, weil mir schwindlig geworden war. Ich wankte in die Küche, trank einen Schluck, legte mich wieder hin, und sofort fing es wieder an: „Morgen Nachmittag im Campus. **Morgen Nachmittag im Campus!!** MORGEN NACHMITTAG IM CAMPUS!!!"

Immer schneller und schneller sausten die Wörter durch mein Gehirn, und ich bekam Angst, dass es irgendwann platzen könnte. „Kein großer Verlust", dachte ich noch, danach musste ich eingeschlafen sein.

Als ich aufwachte, war es elf. Nur noch vier Stunden! Ich sprang auf, riss mir das Schlafshirt vom Leib und schlüpfte in mein verschwitztes und zerknäultes Messi-Trikot. Etwas anderes hatte ich nicht, und in Jeans mit T-Shirt konnte ich ja schlecht aufkreuzen. Blieben nur noch die Fußballschuhe. Die alten von Karim lösten sich inzwischen so langsam auf. Außerdem waren sie mir seit zwei Wochen schon fast zu klein. „Für einmal gehen sie noch", versuchte ich mir einzureden. Vorsichtshalber zog ich die dünnsten Socken an, die ich finden konnte, damit meine Füße in die Schuhe passten, und ging in die Küche.

Mama saß am Tisch und trank eine Tasse Tee. Tante Britta stand am Herd und kochte. Wicki war verschwunden.

„Wunderschönen guten Morgen", sagte ich, gab Mama einen Kuss, umarmte Tante Britta und setzte mich.

„Sehr schick", meinte Mama und betrachtete mich amüsiert. „Müsst ihr heute schon wieder spielen?"

„Ich fahre zum Bayern-Campus, um drei ist Training", antwortete ich, und in diesem Augenblick passierten drei Dinge auf einmal: Mama schaute mich ratlos an, Tante Britta schrie: „NEIN!" und mir wurde glühend heiß und eiskalt zugleich.

Nach einer Sekunde, in der die Welt den Atem anhielt, hörte ich Tante Britta fragen: „DU WILLST *WAS?*" Sie kam auf mich zu. Der Kochlöffel, mit dem sie gerade noch das Gulasch im Topf umgerührt hatte, schwebte unheilvoll über meinem Kopf. Mama fragte: „Wer oder was ist *Bayern-Campus*? Kann mich mal einer aufklären?"

Und ich? Ich rannte davon, riss die Wohnungstür auf, knallte sie wieder zu, flog geradezu die Treppe hinunter, wäre fast über Frau Müller-Begemanns Einkaufstasche gestolpert, die ich im Vorbeiflug halb umgestoßen hatte, öffnete die Haustür, Frau Müller-Begemann schimpfte hinter mir her, ich aber rannte weiter, immer weiter, merkte nicht einmal, dass ich noch meine Pyjamahose trug, rannte, bis ich in der Goerdeler-straße 11 angekommen war, suchte dort fieberhaft das Klingelschild mit dem Namen *Zacherl*, drückte auf den Knopf, als wollte ich ihn in die Wand hineinpressen, wartete auf das Summen, das einfach nicht kam, drückte noch fester, als plötzlich hinter mir eine Stimme wie aus dem Nichts auftauchte:

„Du willst zu mir?", fragte die Stimme, und weiter: „Halb Messi, halb Schlafanzug? Dann muss es ja echt dringend sein."

Johanna! Ich drehte mich um. Sie sah irgendwie komisch aus. Kurzer Rock statt mit Löchern übersäte Jeans, die nachgewachsenen Haare ordentlich links gescheitelt, dafür aber schwarz gefärbt. Kein einziges Mal war die Farbe pink an ihrem Körper zu entdecken. Hatte ich da etwas verpasst?

„He, was ist, Alter", hörte ich wieder ihre Stimme, sie klang leicht ungeduldig, „kommst du jetzt mit rein oder willst du hier übernachten?"

Übernachten? Das kam nicht in Frage. Weder hier, vor ihrem Haus, und schon gar nicht im Inneren. Aber was wollte ich eigentlich von Johanna? Ach ja, jetzt fiel es mir wieder ein. Zum Glück wohnten die Zacherls im Erdgeschoss, und außer Johanna schien auch keiner zu Hause zu sein. Deshalb fing ich schon an zu erzählen, sobald sie die Tür aufgeschlossen hatte: vom Tritt gegen Mamas Bein, von Lucas und dass meine Mutter einfach weggegangen war, von ihrem Unfall, von Tante Britta und ihrem Mercedes, vom nagelneuen Porsche des FCB-Stars und wie ich ihn hasste, den blöden Porsche, und seinen noch blöderen Fahrer, von Mamas schwerer Gehirnerschütterung und dass sie andererseits Riesenglück gehabt hatte, vom Krankenhausbett, das komisch roch, vom Bayern-*Scout*, dessen Namen ich schon wieder vergessen hatte, und seiner Einladung, von meiner Gedankenlosigkeit vorhin und dass Tante Britta mir mit dem Kochlöffel Schläge angedroht hatte, und dass ich jetzt nicht weiß, was ich machen soll – zum „Campus" fahren oder doch lieber zu Hause bleiben, obwohl so eine Chance vielleicht nie wieder kommen würde im Leben?

Das alles purzelte aus mir heraus, ohne Punkt und Komma, und ohne dass ich gefühlt ein einziges Mal Luft geholt hatte.

Johanna ließ sich Zeit. Unendlich viel Zeit. Zwischendurch fragte sie mich: „Willst du was trinken?", räumte ihre Einkaufstasche aus, fünf Literflaschen Cola, etliche Chipstüten, Haribo, sogar meine Lieblingssorte war dabei, und noch anderes Knabberzeug, dann fing sie auch noch an zu pfeifen, ganz hübsch, aber definitiv keine Antwort auf meine Frage, so dass ich mich räusperte, trotzdem nur ein „Und?" herausbrachte und mich frustriert in den einzigen Sessel schmiss, der nicht, wie die drei anderen, zugemüllt war.

„Was heißt hier *Und?*", fuhr mich Johanna an, „da gibt es doch wohl nichts zu überlegen!"

„Äh", machte ich, weil ich der Meinung war, dass es da sehr wohl einiges zu überlegen gab, aber sie schnitt mir wieder das Wort ab: „Nix *Äh*, Benjamin Petersen! Du gehst natürlich *nicht* hin zu dieser komischen Einladung. Punkt! Du wirst deine Mutter, die, wie du sicher weißt, eine supertolle Frau ist, du wirst deine Mutter *nicht* verraten! *Auf keinen Fall!* Und damit du nicht etwa auf dumme Gedanken kommst und heimlich doch rausfährst zu diesem doofen „Campus", lade *ich* dich ein, und zwar ganz offiziell, zu meiner Geburtstagsparty. Heute, ab vier, in der Schulmensa. Und wehe, du kommst nicht. Dann hast du in diesem Leben keinen einzigen schönen Augenblick mehr!! Das schwöre ich dir."

Stille. Ich rührte mich nicht. Hatte ich wirklich alles richtig verstanden? Ich versuchte mich zu erinnern: Kein Campus. Zu Hause bleiben. Aber gleichzeitig auch nicht zu Hause bleiben. Party. Und irgendwer hatte Geburtstag...

„Und jetzt verzieh' dich, oder willst du mir beim Duschen helfen?"

Außer „Bloß das nicht!" brachte ich kein Wort mehr heraus, und so schnell ich gekommen war, so schnell war ich wieder weg, mit dem Bild im Hinterkopf, wie ich vor einer pinkfarbenen Badewanne stand und mir die Augen zuhielt, während ich mit einem riesigen Duschkopf auf Johanna zielte, die mir ständig Anweisungen gab, wie zum Beispiel „höher, mehr rechts, näher ran, heißer", und so weiter und so fort. Die Hölle!

Pünktlich um vier war ich da. Die Tür zur Mensa war noch abgeschlossen. Ich musste also der Erste sein. Wie ein Volldepp stand ich in der Gegend rum. Mein Geschenk, das ich unter dem Arm eingeklemmt hielt, war von Tante Britta mit großer Sorgfalt in sehr buntes Geschenkpapier eingewickelt worden. Ich hatte Johanna gezeichnet, als Mangakriegerin. Auf dem Bild trug sie den kurzen Rock von heute Mittag, und eine Art Panzer für den Oberkörper. Ich hatte sie nicht mit einem Schwert, sondern mit Pfeil und Bogen ausgestattet, weil das irgendwie edler aussah. Glaubte ich zumindest. Sie sah richtig gut aus, fast so gut wie in echt.

Als Variante hatte ich mir überlegt, ob ich sie vielleicht als Torhüterin darstellen sollte. Also wie sie ins Eck fliegt und einen Ball rausfischt. Aber Mama hatte gemeint, dass *Kriegerin* besser zu Johanna passen würde, und wenn Mama das sagt, dann stimmt das. Mama hatte sich sehr über Johannas Lob gefreut, dass sie eine supertolle Frau ist. Wahrscheinlich war sie ja wirklich eine supertolle *Frau*. Aber wenn man sie mehr als zwölf Jahre als Mama kennt, denkt man nicht darüber nach, ob sie auch eine Frau sein könnte, oder ein Alien, oder sonst noch was.

Solche Gedanken kamen mir, als ich vor der Mensa wartete. Zehn Minuten, fünfzehn, zwanzig. Ich war sicher: Johanna hatte mich verarscht. Gerade wollte ich gehen, als es plötzlich sehr laut wurde. Mindestens sieben oder acht Mopeds düsten auf den Schulhof, Bremsen quietschten und übelriechender Qualm verpestete die Luft. Ein paar Typen in Lederklamotten stiegen ab, zwei von ihnen kannte ich vom Sehen. Die waren aus der zehnten Klasse. Alle mit Glatze und ohne Sturzhelm. Ebenfalls ohne Sturzhelm, aber mit langen, blonden Haaren, die Zwillingsschwestern Wiebke und Clarissa. Jede zweimal sitzengeblieben, Wiebke in der Sechsten und Siebten, Clarissa in der Fünften und Siebten, und jetzt beide in der Achten wieder vereint. Und Johanna. Bestimmt gründlich geduscht, auch ohne meine Mithilfe, und ganz in Schwarz.

Sie tat so, als würde sie sich wahnsinnig freuen, dass ich schon da war. Sie fiel mir um den Hals und schleckte mir das ganze Gesicht ab. Danach roch ich, als wäre ich, wie Obelix, in einen Zaubertranktopf gefallen, allerdings mit Vanillegeschmack. Einer von den Typen riss Johanna von mir weg und zischte mir zu: „Pfoten weg, Kleiner, sonst...", und machte mit der Handkante unterhalb des Kinns eine Bewegung, die ich nicht missverstehen konnte. Eigentlich. Aber ich musste von dem Vanilletrank, der auf meinem Gesicht klebte, größenwahnsinnig geworden sein. Jedenfalls antwortete ich: „Wen meinst du mit *Kleiner*? Außer *dir* sehe ich sonst keinen", und zog Johanna wieder zu mir her.

Dann sah ich noch ein paar Sterne, also eigentlich hunderte, tausende, und dann nichts mehr.

Als ich wieder etwas sah, tat mir der Kopf weh. Ich wunderte mich, dass ich in Tante Brittas Gesicht blickte. War sie etwa auch zu Johannas Party eingeladen worden? Hinter Tante Britta, aber irgendwie verschwommen, erkannte ich Mama, und dahinter Johanna. Die heulte. Bevor ich den Gedanken zu Ende denken konnte, dass die beiden, Tante Britta und Johanna, sich ja gar nicht kannten, war ich wieder eingeschlafen.

Das nächste Mal, als ich aufwachte, war es dunkel. Schade, dachte ich, die Party und dass ich eingeladen worden war, das alles hatte ich wohl nur geträumt. Und von Vanille war absolut nichts mehr zu riechen. Eigentlich roch ich überhaupt nichts. Ich tastete nach meiner Nase. Nanu? Die war ja auch nicht mehr da. Dort, wo sie sonst immer gewesen war, tat es sehr weh, so dass ich die Hand rasch wegzog.

Ich versuchte den Kopf zu heben, ließ es aber gleich wieder bleiben. Ein Regen aus funkelnden Sternen prasselte auf mich nieder, die alle mit spitzen Pfeilen versehen sein mussten. Ein Alptraum, dachte ich, und dass ich lieber an etwas Schönes denken sollte. Mir fiel aber gerade nichts anderes ein, als an Johanna in der Badewanne zu denken, und schon tat mir der Kopf weh, als würde er gleich explodieren. Kurz darauf war ich wieder weggetreten.

„...schütterung, Nasenbein gebrochen, aber inzwischen wieder gerichtet. Und zwei Schneidezähne ausgeschlagen."

Aha, interessant, dachte ich, nachdem die Frau, die eine Maske vor dem Gesicht hatte und neben meinem Bett stand, diese Worte gesagt hatte. Sie sah aus wie eine Chemielehrerin, mit weißem Kittel und hochgesteckten Haaren. Vielleicht ist mir ja im Unterricht schlecht geworden?, dachte ich, aber wo bitte steht in der Schule ein Bett? Obwohl sich das sicher ganz viele wünschen würden. Und was zum Teufel sucht eine Chemielehrerin an meinem Bett? Und sollte sich nicht langsam mal jemand um den armen Typen mit

dem gebrochenen Nasenbein und der riesigen Zahnlücke kümmern?

Zufällig wanderte meine Zunge in diesem Augenblick
in meiner Mundhöhle herum. Alles fühlte sich an wie
immer. Aber plötzlich fiel sie in ein riesiges Loch, die
Zunge. Und zwar ganz genau da, wo meine Schneidezähne waren. Gewesen waren, korrigierte ich mich.
Denn auf einmal konnte ich mich an alles erinnern.
Wie ich den Mund weit geöffnet hatte, weil ich lachen
musste. Irgendwer hatte etwas Witziges gesagt. Also ich,
ich hatte etwas gesagt. Es musste echt *sehr* witzig gewesen sein. Denn alle hatten gelacht. Nur einer nicht.
Der hatte nur die Faust geballt.

Und plötzlich sah ich sie: diese Faust! Wie sie auf
mich zu geschossen kam. Interessantes Tattoo, hatte
ich noch gedacht, auf jedem der vier Finger, die sich
meinen Augen näherten, stand ein Buchstabe: L ganz
links, dann O, dann V und am Zeigefinger ein E.
Dann hatte ich eine Art Splittern gehört, wie wenn
man einen dürren Ast in zwei Teile bricht.

Und dann hatte ich die Sterne gesehen.

Sechzehn

Miese Laune

Tante Britta hatte zum Abschied einen Kuchen ge-
backen. Eine riesige Schwarzwälder Kirschtorte, mit
einem sehr großen Schluck Kirschgeist im Teig. Das ist
eine Art Schnaps, den wir eigentlich nicht trinken dürfen. Aber Tante Britta hatte behauptet, dass der ganze
Alkohol durch das Backen verfliegen würde.

Mama hatte geweint, weil Tante Britta anschließend
wieder nach Hause gefahren war. Wicki und ich, wir
waren auch traurig. Mit Tante Britta war es einfach lustig gewesen, und ihre Pausenbrote hatten sogar Johanna geschmeckt, die sonst nie etwas in der Schule isst,
weil das Essen dort nicht gesund ist, wie ihre Mutter
meint.

Die Hälfte der Torte habe ich allein gegessen. Ich
konnte ja erst einmal nichts Hartes beißen, weil mir,
wie bekannt, zwei Zähne fehlten und die restlichen
noch weh taten.

Außerdem hatte ich schlechte Laune. Sehr schlechte
Laune. Dass ich nicht zum *Bayern-Campus* gefahren bin,
sondern es vorgezogen hatte, mich bei Johannas Geburtstagsparty verprügeln zu lassen, hatte sich als großer Fehler herausgestellt. Als sehr großer Fehler. Denn

von den zwanzig Leuten, die der *Scout* eingeladen hatte, waren neunzehn erschienen. Fünf von denen waren nach dem Training in die U 13 des FC Bayern aufgenommen worden. Und unter diesen fünf Spielern war einer, den ich sehr gut kannte: mein ehemals bester Freund Lucas.

Natürlich verpasste ich wieder jede Menge Schultage. Und ein paar wichtige Schulaufgaben. Die musste ich irgendwann nachschreiben, allein und am Nachmittag, was meine Laune nicht gerade verbesserte. Ab und zu tat mir der Kopf noch weh, die Nase sowieso. Ich durfte, außer zur Schule, nicht ins Freie – das hatte die „Chemielehrerin", die in Wirklichkeit eine Ärztin war, verboten – und an Fußballspielen war eh nicht zu denken. Beim Lesen wurde mir schnell schwummrig, und Mama war oft traurig, noch häufiger als sonst.

Wicki machte Witze über meine Zahnlücke, er sagte zum Beispiel, dass ich und Lucas jetzt als *Lücki* und *Lucki* im Fernsehen auftreten könnten. Normalerweise hätte ich das lustig gefunden, aber jetzt hatte ich nur Lust, ihn ganz fest zu treten. Natürlich verzichtete ich darauf, denn mit dem Treten hatte ja dieser ganze Mist erst angefangen. Der Tag, an dem ich Mama getreten hatte, war der Tag X gewesen. Danach hatte ich nur Schlimmes erlebt. Gut, das Spiel gegen Oberhaching und dass Johanna mir das Gesicht abge-

155

schleckt hatte, waren die zwei Ausnahmen gewesen. Der Rest war zum Vergessen.

Mama bekam eines Tages auch schlechte Laune. Sie hielt einen Brief in der Hand, in dem ein Anwalt namens B. Lödmann (so zumindest seine gut lesbare Unterschrift) behauptete, nicht der Spieler des FC Bayern sei schuld an ihrem Unfall gewesen, sondern sie selbst. Und dass sie jetzt den kaputten Porsche ersetzen müsse. Oder hunderttausend Euro zahlen. Das ginge auch, meinte der Herr Anwalt.

Da setzte sich die Mama erst einmal hin und fing an zu lachen. Gleichzeitig fing sie an zu weinen. Dann rief sie Tante Britta an.

Neunzig Minuten später zitterten die Fensterscheiben unserer Wohnung. Vermutlich auch die des ganzen Hauses. Denn Tante Britta hatte direkt vor der Haustür gebremst. Sie stieg aus, knallte die Wagentür zu, dass die Scheiben ein zweites Mal heftig ins Scheppern kamen, und zog einen kleinen, dicken Mann, der mit im Auto gesessen hatte, hinter sich her. Sie stand nach einer Minute vor unserer Wohnung, er dagegen brauchte fünf Minuten, weil der Lift wieder einmal keine Lust hatte, sich in Bewegung zu setzen.

Wir mussten in unser Zimmer. Das war aber nicht schlimm, denn Tante Britta hatte uns, eigentlich ja mir, ein nagelneues Smartphone mitgebracht. „Macht irgendwas damit, aber keine Pornos anschauen!", sagte sie und verdrehte dabei die Augen, dass uns vom Hinsehen fast schlecht wurde. Mein kleiner Bruder kannte sich mit Smartphones schon besser aus als ich, so dass wir nach fünf Minuten auf der *FIFA-gameplay*-Seite gelandet waren und Messi über das grüne Display rennen lassen konnten.

Wir waren so beschäftigt, dass wir gar nicht mitkriegten, wie sich nebenan die Laune mehr und mehr besserte. Nur daran, dass das Lachen immer lauter wurde und wir deshalb auch den Ton ständig lauter stellen mussten, hätten wir erkennen können, dass dort drüben so etwas wie ein Wunder passierte. Jedenfalls standen, als wir zum Abendessen ins Wohnzimmer gerufen wurden, drei leere Weinflaschen auf dem Tisch, und Tante Britta öffnete gerade, mit hochrotem Kopf, eine vierte.

„Alles wird gut", säuselte Mama uns an, „alles wird gut!" Sie klang wie damals, an Ostern, als wir Tante Britta und Onkel Helmut besucht haben, und ich hätte mich nicht gewundert, wenn sie gleich gesagt hätte: „Ey, Jungs, auf geht's, in die Badewanne!"

Der kleine dicke Mann hieß Emilio Schulte-Krähwinkel und war, wie Frau Direktor Michelsen, ein *Doktor*. Dr. iur. stand auf einem kleinen Kärtchen, von dem vier oder fünf Exemplare auf dem Tisch verstreut herumlagen. Er verabschiedete sich gerade von Tante Britta, indem er ihr die Hand küsste und dabei seinen Hintern rausstreckte. Er wolle das Familienglück nicht stören, meinte er, und Eile sei geboten, was auch immer das heißen sollte, und zum Schluss trompetete er noch einen merkwürdigen Satz durch das ganze Treppenhaus: „Denen werden wir heimleuchten, meine Damen!", und Mama und Tante Britta antworteten ihm mit einer Art Indianergeheul.

Dann machte er sich auf den Weg zum Abstieg, der ihm vermutlich leichter fiel als der Aufstieg, da der Lift wie durch ein Wunder wieder funktionierte.

Eine Minute später klopfte es an der Tür. Mama öffnete und Herr Schulte-Krähwinkel trat ein.

„Verzeihen Sie die Störung", sagte er, „die Klingel hier, äh, ich..., ich habe noch etwas vergessen. Dieses herrliche Gemälde...", er deutete auf das bunte Bild, das seit einigen Wochen im Wohnzimmer hing, „kennen Sie den Künstler?"

Mama zögerte, schaute zuerst Tante Britta an, dann mich, schließlich sagte sie: „Ja, ich kenne den Künstler. Er ist..., äh, ist...eine *sie*."

„Was, wie", stotterte der Herr Doktor, „Sie meinen, eine *Frau* hat das hier gemalt?" Mama, ganz cool: „Soweit ich weiß, ja."

„Dann wissen Sie vielleicht auch, ob das Werk verkäuflich ist? Also, ob *Sie* es verkaufen wollen?" Er war jetzt ganz nervös geworden und rückte mit seiner Nasenspitze so nah wie möglich an das Bild heran.

Mama sagte: „Ja. Weiß ich. Und will ich. Viertausend!"

Oh Gott, dachte ich, die Mama ist verrückt geworden.

„Viertausend?", fragte der Doktor. Dann schüttelte er den Kopf. „Das kann nicht sein. Ich biete zehn, sagen Sie das der Künstlerin."

Da platzte mir der Kragen. Ich weiß, das gehört sich nicht, wenn Erwachsene sich unterhalten, aber irgendwer musste doch diesem angeblichen Doktor mal eine aufs Maul geben.

„Zehn?", schrie ich also, „das ist eine..., ist eine...", verdammt, jetzt fiel mir das Wort nicht ein, „meine Mutter hat ein halbes Jahr daran gemalt, und dann wollen Sie nur ZEHN dafür zahlen? Sie..., äh, Sie!!!"

Herr Schulte-Krähwinkel sah mich an. Zuerst irgendwie entgeistert, dann begeistert. Ich bebte noch vor Wut und meine kaputte Nase machte mich rasend, so dass ich ihm fast eine reingehauen hätte, als er auf mich zu trat.

Aber er legte mir nur ganz vorsichtig die Hand auf die Schulter und sagte: „Da hast du völlig recht, junger Mann. Zehn ist definitiv zu wenig. Ich zahle fünfzehn, und damit du jetzt nicht noch einmal ausflippst, mein Lieber, ich meine damit fünfzehn*tausend* Euro. Bar auf die Hand, gnä' Frau, nächste Woche lasse ich das Bild abholen."

Dann küsste er meiner Mutter die Hand, Tante Britta küsste er nicht mehr die Hand, sondern zuerst auf die linke, dann auf die rechte Wange, sie wurde rot, hauchte „Tschau, Emilio", und dann war er wieder weg, der Herr Doktor mitsamt seinen Küssen.

Wie durch ein Wunder tat mir meine Nase nicht mehr weh. Und wir waren um fünfzehntausend Euro reicher. Also schwerreich geradezu.

Siebzehn

Briefe und das letzte Spiel

Ich lag in diesen Wochen öfter mal im Bett oder auf dem Sofa. Mama leistete mir Gesellschaft, im Bett und auf dem Sofa. Wir sollten uns schonen, hatte es geheißen. Also taten wir das, wir schonten uns und tranken Kakao. Trotzdem bekamen wir oft Kopfschmerzen. Wir zerbrachen uns nämlich den Kopf, wie wir das viele Geld ausgeben sollten, das der Herr Emilio Schulte-Krähwinkel persönlich vorbeigebracht hatte, wie versprochen.

Ich wollte es ausgeben, die Mama dagegen wollte es sparen, „für schlechtere Zeiten", wie sie sagte. Meinen Einwand, dass wir „jetzt gerade" schlechtere Zeiten hätten, also das Geld dringend ausgeben müssten, beachtete sie nicht. Und ich lehnte ihre Idee, dass wir etwas für mein Studium zurücklegen sollten, total ab. „Bevor ich studiere", rief ich empört, „geh ich lieber zur Müllabfuhr!"

Da wurde die Mama richtig sauer. Dass ich „ein verwöhntes Bürschchen" sei und „einen an der Waffel" hätte, außerdem hätte ich kein Recht, auf die Müllmänner herabzuschauen, und dass deren Arbeit hundertmal wichtiger sei als jedes Traumtor von Messi und Ronni und Doofi oder wie meine Helden, „diese selbstverliebten Halbidioten", alle heißen würden.

Und sofort bekam sie wieder diese schlimmen Kopfschmerzen, weil sie sich so aufregen musste, über mich. Sie zog sich die Bettdecke über den Kopf, schmiss mich aus meinem Bett, sagte: „Ganz raus mit dir!" und ich verließ das Zimmer und hatte ein schlechtes Gewissen. Mal wieder.

Ab und zu bekam ich auch Besuch. Von Lucas, zum Beispiel. Er war wütend, weil er beim FC Bayern nur in der zweiten Mannschaft eingesetzt werden sollte. Ich tat so, als würde ich ihn bedauern, und meinte, die hätten eh keine Ahnung und dass er das nicht verdient hätte, und so weiter.

Doch insgeheim lobte ich mich dafür, dass ich damals nicht hingegangen war, zu diesem Training. Dass es in Wirklichkeit Johanna und Tante Britta gewesen waren, die mich daran gehindert hatten, musste ich irgendwie verdrängt haben.

Johanna kam ebenfalls, sogar mindestens zwei Mal in der Woche, als hätte sie nichts Besseres zu tun. Hatte sie allerdings tatsächlich nicht, weil ihre Mutter ihr nämlich Hausarrest erteilt hatte. Das Haus durfte sie nach der Schule nur verlassen, um mich zu besuchen und sich bei mir zu entschuldigen. Natürlich entschuldigte sie sich nicht, sondern meinte bei ihrem ersten

Besuch nur, ich sei ja selbst schuld, dass ich jetzt eine zertrümmerte Nase habe. „Und schon wieder gerichtet", korrigierte ich sie. „Meinetwegen", keifte sie mich an, „aber wie kann man so bescheuert sein, den Maxim zu provozieren?"

„Phh", machte ich, „*dein* Maxim *ist* klein, jedenfalls kleiner als ich. Ansonsten ist er nur ein durchgeknallter Schläger, und wenn du das anders siehst, bitte, aber sag später nicht, ich hätte dich nicht gewarnt."

Darauf ging sie und schlug die Türen hinter sich zu. Beim nächsten Besuch redeten wir über was anderes.

Eines Tages kam Mama mit einem Brief in der Hand. Ich spielte gerade mit meinem neuen Smartphone, aber eigentlich fand ich es langweilig. Sie setzte sich neben mich und sah mich an. Irgendwas war mit ihrem Gesicht passiert, was ich nicht kannte und was mir Angst machte.

„Da, lies selbst", sagte sie und reichte mir das Blatt und den Briefumschlag.

Die Schrift war leicht zu lesen. Sie sah aus wie gemalt, also nicht bunt oder so, sondern für jeden Buchstaben hatte sich er oder sie ganz viel Mühe gegeben.

„Liebe Micol", las ich und dachte, dass sich die Person bestimmt geirrt hatte, denn jemand, der *Micol* hieß, den gab es bei uns nicht. Trotzdem fand ich es interessant, was da so drinstand. Ich schaute auf die

Unterschrift, aber die war absolut unleserlich. Also las ich oben weiter. Die Person entschuldigte sich zuerst einmal. Das ist mal eine echte Entschuldigung, dachte ich, nicht dieses Pseudodings wie von Johanna. Und dass er, aha, ein Mann, diese Micol nie hätte verlassen dürfen. Viele lange Jahre hätte ihn sein schlechtes Gewissen schon geplagt, jeden einzelnen Tag, weil er seine Frau und die Kinder im Stich gelassen hatte.

Genau wie bei uns, dachte ich, unser Papa hat uns ja ebenfalls im Stich gelassen. Und vor allem die Mama. Nun erzählte er was von Bildern und Gemälden, na, das kann ich überspringen, dachte ich und drehte das Blatt um. Aha, hier wurde es wieder interessant. Jetzt will er es wieder gutmachen. Super, dachte ich, wie im Fernsehen, wo am Ende auch alles gut ausgeht. Aber wie? Das fragte er sich jetzt. Aha. Und was ist die Antwort? Oh! Mit Geld! Na, so was! Und dass die „liebste Micol" das hoffentlich nicht ablehnen würde.

Schön doof wäre sie, dachte ich und las den Rest. Hm, Einladung in großes Haus am See, sich kennen lernen und vielleicht aneinander gewöhnen, aber wenn nicht, dann ist es auch gut. Ganz wie sie will, die liebe Micol. Ich gab Mama den Brief zurück. Auf dem Umschlag klebte eine Briefmarke, die ich noch nie gesehen hatte. „Tja, ganz nett", sagte ich, „aber an wen ist der Brief gerichtet? Wer ist diese komische Micol?"

Mama schnäuzte sich die Nase. Dann sagte sie: „Das bin ich. Dein Vater hat mich immer so genannt. Das war sein Kosename für mich."

Oh Mann. Jetzt hatte ich plötzlich einen Vater. Und Wicki auch. Und was hatte Mama? Rasende Kopfschmerzen. Sie wollte sich hinlegen, ließ es dann aber bleiben und machte sich einen Kaffee. „Corretto", fügte sie hinzu und holte die teure Flasche aus dem Versteck im Wohnzimmer. Wicki hatte das Versteck aber schon längst entdeckt und den Schnaps auch einmal probiert, aber sofort wieder ausgespuckt. Ich musste dann alles mit viel Wasser sauber machen, damit die Mama nichts merkte.

Was Corretto bedeutete, wusste ich nicht. Nach dem, was Mama nun machte, gießt man den Schnaps in eine Tasse bis knapp unterhalb des Rands, gibt einen kleinen Schluck Kaffee drauf, für die Farbe, schüttet das Getränk in einem runter, schüttelt den Kopf, macht „Brrrrr" – und wiederholt das Ganze noch einmal.

Dann erzählte sie. Wie sie sich als junges Mädchen verliebt hatte. In einen älteren Mann. Der hieß Reto. Er war Maler, war sehr schön, aber sehr arm. Und die Mama hatte gerade ihr Abi gemacht und wollte mit ihrem Studium beginnen. Das ließ sie sausen. Stattdessen machten sie und dieser Reto eine Weltreise.

Mit dem Geld, das die Mama für das Studium verwenden sollte.

In Bangkok kriegte sie ein Kind. Das nannten sie Benjamin. Dann passierte etwas Schreckliches. Mamas Eltern starben bei einem Unfall, und sie musste zurück. Reto lebte wieder in Lugano, in der Schweiz. Er mochte Kinder, sie durften aber nicht stören, weil er Ruhe brauchte. Für seine Malerei. Deswegen zog die Mama mit mir nach München, wo sie jetzt endlich studieren wollte. Aber das Geld war weg. Und Reto konnte ihr keins schicken. Dafür bekam sie etwas anderes von Reto, als eine Art letzte Erinnerung: Das war Wicki. Von Reto hörte sie nichts mehr. Bis heute.

Bis zu diesem Brief, den sie jetzt noch einmal las. Ganz langsam.

„Wo liegt eigentlich dieses Bangkok?", fragte ich, weil mir nichts Besseres einfiel. Mama lachte. „Weit weg. Mehr als zwölf Jahre entfernt", sagte sie. Ich verstand, oder glaubte es wenigstens. Das hatte mit uns nichts mehr zu tun, dieses Bangkok.

„Und, was machen wir jetzt?" Die Frage war eindeutig besser. Aber die Mama sagte nur: „Würdest du einem Schuft verzeihen?"

Ich wusste nicht, was das sein sollte, ein Schuft. Nichts Gutes, das ahnte ich. Ich antwortete: „Mir hast du doch auch verziehen, oder?" Dabei dachte ich an den Tritt, und noch viele andere Situationen fielen mir ein, wo ich nicht sehr nett zur Mama gewesen war.

„Aber dich liebe ich doch, mein Großer."

Ja, das stimmt, dachte ich. Wenn man einen liebt, dann kann man dem auch verzeihen. Ich musste an Johanna denken, an meine kaputte Nase, und daran, dass Johanna sich nicht entschuldigen wollte. Aber sie besuchte mich. Immer wieder. Und ich mochte es, dass sie kam und Kuchen oder Spaghetti *Carbonara* verschlang, lauter *ungesundes* Zeug, wie ihre Mutter gesagt hätte. Sie liebte mein Geburtstagsgeschenk, und wir verstanden uns richtig gut, auch wenn wir manchmal Stress miteinander hatten und Johanna dann wieder die Türen krachen ließ. Impulsive Frauen halt.

Mama trank noch eine Tasse Kaffee, ohne Schnaps. Sie umarmte mich und küsste meinen erhitzten Kopf. „Wir werden das Ganze noch einmal überschlafen", sagte sie, „und Wicki müssen wir natürlich auch Bescheid sagen."

Wicki sagte nur: „Haus am See? Da will ich hin!" Und damit war die Sache beschlossen. Wir hatten jetzt einen Vater, der nicht mehr arm, sondern reich war, und Mama würde dem „Schuft" vielleicht eines Tages sogar verzeihen.

Ende Juli bekam Mama schon wieder einen Brief. Dr. iur. Emilio Schulte-Krähwinkel stand auf der Rückseite. Er wollte, dass Mama ihre Bilder ausstellte. Mindestens zehn Stück sollten es sein. Wie viel sie dafür verlangen sollte, stand auch auf dem Blatt: „Keines billiger als *zwanzig*! Alles klar, Benni?" Dahinter ein Smiley. Mit einem zugedrückten Auge und breitem Lachmund. Sogar Tag und Ort waren angegeben: 21. Oktober 2021. Maximilianstraße 127, München.

Keine Ahnung, wo das in München war, aber die übelste Gegend würde es hoffentlich nicht gerade sein. Mama jedenfalls war total geplättet und brauchte auf der Stelle wieder zwei Tassen Kaffee. Mit „*Corretto*".

Und was war sonst noch so geboten? Das Schuljahr ging zu Ende. Fast hätte ich es gar nicht mitgekriegt, wegen Schonen und faul im Bett Herumliegen. Am Tag vor den Zeugnissen jedenfalls sollte das Schulfest stattfinden. Mit Musik und Theater und jeder Menge Essen und Trinken. Und mit einem Fußballspiel. Bei dem ich aber nicht mitspielen durfte. Die Mama hatte es mir verboten. Ich wollte deswegen gleich ganz zu Hause bleiben, musste aber mit. Meine Stimmung war unterirdisch, das könnt ihr mir glauben.

Das „Team *LMGU*" trat gegen die U 13 der Spielvereinigung Unterhaching an. Lucas war verletzt, Johanna hatte Corona. Und Conrad von Wagenseil gab den Superstar. Vorsichtshalber stellte er sich selbst als Mittelstürmer auf, damit er nicht wieder ein Eigentor fabrizierte.

Das Spiel war eine einzige Katastrophe. Die Hachinger kickten locker im Mittelfeld herum, ohne sich dem Sechzehner zu nähern oder jemals aufs Tor zu schießen. Und wir, also das „Team *LMGU*", kamen so gut wie gar nicht an den Ball, sosehr Conrad auch rannte und fluchte. Alle schauten sehnsüchtig zu mir, aber ich saß oben auf der Tribüne und konnte nur bedauernd mit den Schultern zucken.

Zehn Minuten vor Schluss flehte ich meine Mutter an: „Bitte, nur die paar Minuten, Mama. Ich bin auch besonders vorsichtig. Ehrenwort!"

Sie zögerte, sagte dann aber: „Okay, aber nicht mit dem Kopf. Sonst hole ich dich sofort wieder raus!"

Aber da war ich schon losgerannt, die alten Treter von Karim hatte ich heimlich von zu Hause mitgenommen, sie drückten an allen Ecken und Enden, aber das war mir egal. Sofort erkämpfte ich mir den Ball, lief los, umkurvte ein paar Gestalten, die sich mir in den Weg stellten, ließ den Torwart mit einem Übersteiger ins Leere laufen und chippte die Kugel ins Tor. Das hatte keine zwanzig Sekunden gedauert.

Und keine Minute später stand es 1:1. Denn verlieren, das wollten die Hachinger nicht. Das merkte man ihnen jetzt deutlich an.

Wir aber hatten Anstoß, also den Ball. Und den gab ich nicht mehr her, bis er wieder im Netz lag. 2:1.

Dieses Mal dauerte es immerhin fast zwei Minuten, bis die Hachinger den Ausgleich erzielten. Nun wachten sogar die Zuschauer wieder aus dem Tiefschlaf auf und schrien, weil endlich was geboten war.

Das 3:2 schoss ich praktisch vom Anstoßkreis. Der Hachinger Torwart hatte dem Torschützen zum 2:2 persönlich gratulieren wollen und trabte gerade gemütlich in sein Tor zurück, als es schon wieder hinter ihm einschlug.

Unsere Schiedsrichterin, die auch glücklich war, dass sie mal was zu pfeifen hatte, kündigte nun die letzte Minute an, und logischerweise passierte, was passieren musste: Mit dem Schlusspfiff gelang Conrad von Wagenseil das Tor, auf das wir alle so sehnsüchtig gewartet hatten: *sein* Eigentor, zum Endstand von 3:3.

Wicki und Mama hatten mir Kuchen und eine Flasche Cola aufgehoben, und Frau Michelsen war völlig fertig mit den Nerven. „Noch so ein Spiel", meinte sie, „und ihr könnt mich von der Zimmerdecke kratzen."

Wicki fand das so lustig, dass er zu ihr sagte: „Und wenn keiner Lust hat, dich von der Decke zu kratzen, was machst du dann?"

Sie lachte, entgegnete dann aber: „Sieh dich vor, Ludwig Petersen, wenn du im Herbst hier an *meiner* Schule antanzt." Und dabei wackelte sie drohend mit ihrem Zeigefinger.

„Oh", machte Wicki, wurde kreideweiß und versteckte sich hinter der Mama.

Wir verabschiedeten uns, gingen zu unseren Rädern und wollten gerade losfahren, als uns ein Mann ansprach. Ich kannte ihn vom Sehen, er hatte irgendwas mit der Spielvereinigung zu tun. Er stellte sich vor, gab uns allen die Hand, beglückwünschte mich zu meinen Toren und sagte dann: „Es wäre uns eine große Ehre, Benjamin, wenn du ab der nächsten Saison für meinen Verein spielen würdest. Natürlich nicht in deiner Altersstufe, sondern eher bei den Fünfzehn- oder Sechzehnjährigen, in der Bundesliga. Das dürfte in etwa deine Spielstärke sein. Doch ich will da unseren Trainern nicht vorgreifen."

Ich musste ziemlich dämlich aus der Wäsche geschaut haben, jedenfalls brachte ich kein Wort heraus. Ich sah Mama an, sie lächelte. Dann wandte sie sich zu dem Mann und sagte: „Geht in Ordnung, Herr Präsident, wir freuen uns."

Achtzehn

Ein Ausflug

Ich hatte sie schon vergessen, die „große Überra-schung", die die Frau Michelsen unsrem Team am Tag des Schulfests versprochen hatte. Den anderen schien es mindestens genauso gegangen zu sein, denn nur drei waren heute, am 22. August 2021, in die Schule gekommen: Johanna, Lucas und ich.

Johanna, weil sie ihre Tante nach der aus dem Ruder gelaufenen Geburtstagsparty nicht schon wieder ent-täuschen wollte; Lucas, weil er erst Anfang September mit seinen Eltern in Urlaub fahren würde; und ich, ich verbrachte die Ferien ganz zufällig mal nicht in Honolulu, auf den Seychellen oder bei meinen vielen stinkreichen Verwandten in New York, Paris und Abu Dhabi, sondern „durfte" meiner Mutter helfen, den Umzug in - Überraschung! - unsere neue, große Woh-nung zu organisieren.

Frau Michelsen wartete schon in ihrem Zimmer. Dass wir nur zu dritt waren, schien für sie kein Problem zu sein, im Gegenteil. Wir sollten uns den ganzen Tag freihalten, das war ihre einzige Bedingung gewesen. Meine Mutter hatte nur gesagt: „Amüsiert euch gut, ich komme schon allein zurecht."

Nun saßen wir also auf der bequemen Couch, jeder hatte ein Glas Orangensaft vor sich stehen, wir hatten noch nicht getrunken, weil wir erst wissen wollten, was denn für heute so alles geplant war.

„Äh, Tante Gisi…", drängelte Johanna, doch ihre Tante, die Frau Direktorin, ließ sich nicht aus der Ruhe bringen. Sie beendete das Telefongespräch, bei dem sie nur „Ja", „super", „jetzt echt?" und „genial" gesagt hatte, drehte sich zu uns um und sagte: „Wir fahren zunächst nach München, treffen dort jemanden, gehen anschließend was essen und zum Schluss besuchen wir so eine Art…, äh, *Zirkus*. Um acht sind wir wieder hier, falls ihr am Abend noch wichtige *dates* habt oder den Sonnenuntergang bewundern wollt."

Die erste Enttäuschung – wir fuhren nicht in einem Luxusschlitten nach München, sondern mit der S-Bahn. Am Marienplatz stiegen wir aus. Mehrere Rikschas mit ihren Sänften standen dort und warteten auf Kunden. Wir aber gingen zu Fuß weiter, in der größten Mittagshitze, bis zum Hotel *Bayrischer Hof*. Dort war ich noch nie gewesen, hatte aber vermutlich auch nichts verpasst.

Dass wir da einfach reinspazieren durften, wunderte uns dann schon. Tante Gisi ging zum Empfang und zeigte einen großen Zettel vor. Der Mann am Tresen verbeugte sich und deutete auf einen Lift. Der war ausgesprochen eng, aber wir quetschten uns zu sechst hinein, denn eine Frau mit Kamera und ein junger Mann waren noch dazugekommen. So fuhren wir langsam nach oben.

„Wohin geht es?", flüsterte Johanna, und ihre Tante flüsterte zurück: „Zimmer fünfhundertachtzehn."

Komisch war, dass der junge Mann und die Frau mit ihrer Kamera uns folgten. Die Frau Direktor hatte inzwischen ihr Smartphone herausgezogen und tippte auf ihm herum. Plötzlich ging die hinterste Tür auf, jemand rief etwas, das ich nicht verstand, und wir schlüpften auf Zehenspitzen in das Zimmer. Das war riesengroß, größer als unsere ganze Wohnung, die alte jedenfalls, und ein kleiner Mann stand am mittleren der sieben Fenster und schaute hinaus.

Als er sich umdrehte, rief ich: „Messi!" Er dagegen rief: „Gissi!" Und die „Gissi", also die Frau Michelsen, rief „Leo!", die beiden fielen einander um den Hals und gaben sich viele Küsse und redeten ganz schnell miteinander, vermutlich auf Spanisch, dann küssten sie sich wieder, redeten noch schneller weiter und Tante Gisi weinte und schnäuzte sich die Nase, und Messi weinte auch fast, musste sich aber nicht die Nase putzen, wir dagegen standen still und stumm, bis die Frau Direktor sich zu uns umdrehte und sagte: „Leo, das sind Johanna, Lucas und Benni vom Team *Lionel Messi Greatest of Universe.*"

Wir gaben Messi die Hand, meine war so feucht, dass ich sie erst mal an der Hose abwischen musste, bevor ich sie Messi reichen konnte. Er sagte dann, auf Deutsch: „Ich freu mich serr, euch zu lärrnen kennen." Johanna sagte: „Grazias", also *Danke*, weil sie das eben am Handy nachgeschaut hatte, und „Olla", was Hallo heißt, das hatte sie von ihrer Tante gehört.

Dann setzten wir uns alle. Messi und „Gissi" redeten noch ein paar Minuten, wir hörten zu oder tranken Saft und Wasser und aßen kleine scharfe Sachen, die auf dem Tisch standen, und als eine Frau aus dem Nebenzimmer kam und auf ihre Armbanduhr deutete, stellten wir uns noch rasch zu einem Foto auf, Messi und Tante Gissi nebeneinander und wir drei Kinder in der Hocke vor ihnen, wie bei einem Mannschaftsfoto, und die Frau mit der Kamera, die mit uns hochgefahren war, knipste ein paar Mal, und Messi küsste Gissi zum Abschied, sie ihn auch, sogar zwei Mal, wir gaben ihm wieder die Hand, meine war jetzt ganz trocken, dann gingen wir zur Tür hinaus, winkten ihm, er winkte zurück, die Tür schloss sich, und ich war mir nicht sicher, ob ich das alles nicht nur geträumt hatte.

Was wir dann gegessen haben, daran erinnere ich mich nicht mehr. Es war auf jeden Fall viel, und es war ziemlich scharf.

Den *Zirkus* bräuchte es jetzt nicht mehr, dachte ich noch, nachdem wir das Restaurant satt und müde verlassen hatten, aber da waren wir schon in der U-Bahn gelandet, die uns, zusammen mit sehr vielen anderen Leuten, zur Haltestelle Fröttmaning brachte.

Die Arena, schoss es mir durch den Kopf, und tatsächlich erreichten wir ohne größere Verletzungen das Stadion, fanden unsere Plätze, in einer Loge und vermutlich superteuer, sahen, wie Lionel Messi im Trikot des Pariser Clubs *PSG* drei Tore schoss – gegen wen? Uninteressant – aßen nach dem Spiel auf dem Heimweg noch eine Bratwurst, von der es Johanna kotzübel wurde, weil die Wurst natürlich ungesund war, kamen pünktlich um neun Uhr zu Hause an, wo wir uns bei der Frau Direktorin für den schönen Tag bedankten – ich sagte noch: „Eine gelungene Überraschung!", was sie freute – und als meine Mutter mich fragte: Na, wie war's?", konnte ich nur gähnen: „Ganz okay!" und war auf der Stelle eingeschlafen.

In der Nacht wachte ich schweißgebadet auf. Ich hatte geträumt, dass ich Messi die Hand gegeben hatte. Er hatte gesagt: „Ich freu mich serr, euch zu lärrnen kennen." Was man halt so träumt. Unerfüllbare Wünsche, lauter Quatsch. Ist ja alles nicht wahr, ich und Messi, dass ich nicht lache.

176

Halbwegs beruhigt schlief ich weiter, laut schnarchend, aber unbehelligt von komischen Träumen.

Bis meine Mutter mich am Vormittag um zehn Uhr wachrüttelte und sagte: „Auf dem Küchentisch liegt die Zeitung. Mit einem großen Foto auf der Titelseite. Auf dem bist *du* drauf...!??"

E N D E

Zeitfracht Medien GmbH
Ferdinand-Jühlke-Straße 7
99095 Erfurt, Deutschland
produktsicherheit@kolibri360.de